백문일답

『백문일답』의 특징

이 교재는

1. 예수님을 영접하지 않은 구도자나 새롭게 예수님을 영접한 초신자를 위한 교재이다.

2. 예수님을 믿을 때 기본적으로 알아야 할 내용을 담고 있다. 초신자는 예수님께 대한 믿음을 든든히 세우고, 구도자는 예수님을 알고 영접하도록 돕는다.

* 는 소 단락이나 한 과 전체를 정리할 때 사용한 표시이다.

* 각 과의 끝에 있는 읽을 말씀과 외울 말씀은 배운 것을 복습하는 과제이다. 이것을 실행할 때 예수님을 더 잘 알게 될 것이다.

목 차

예수의 유일성

빌 브라이트(Bill Bright)

중요한 질문

당신은 인류 역사상 가장 훌륭한 인물이 누구라고 생각하는가?

얼마 전 의학을 전공하는 외국 유학생이 찾아왔다. 그는 인도의 한 종교를 믿고 있었다. 그와 친하게 지내며 우리는 친구가 되었고 나는 그에게 예수님을 소개했다. 그리고 그에게 세 가지 질문을 했다.

"인류 역사상 가장 훌륭한 일을 한 사람은 누구라고 생각하는가?" 그는 "지금까지 살았던 사람 중 가장 훌륭한 일을 한 사람은 나사렛 예수입니다. 그분이 가장 위대한 지도자라고 생각합니다."라고 대답했다.

다시 "인류 역사상 누가 가장 탁월한 가르침을 주었다고 생각하는가?"라고 물었다. 나는 그가 공자, 소크라테스와 같은 위대한 철학자나 학자들을 이야기할 것이라고 생각했는데, 그는 "가장 위대한 스승은 나사렛 예수입니다."라고 대답했다.

마지막으로 "인류 역사상 누가 가장 성스러운 삶을 살았다고 생각하는가?"라고 물었다. 그는 생각해볼 필요도 없다는 듯이 "나사렛 예수입니다."라고 말했다. 예수님의 삶을 살펴보았을 때 예수님과 같은 분이 없다는 것을 알았기 때문이다. 만일 누구든 사실 그대로를 알기만 한다면, 세계 어느 곳에 살든지, 어떤 종교를 믿든지 예수님과 같은 분이 없다는 것을 인정하게 될 것이다. 예수님은 역사상 가장 특별한 분이다.

인류 역사에 끼친 영향

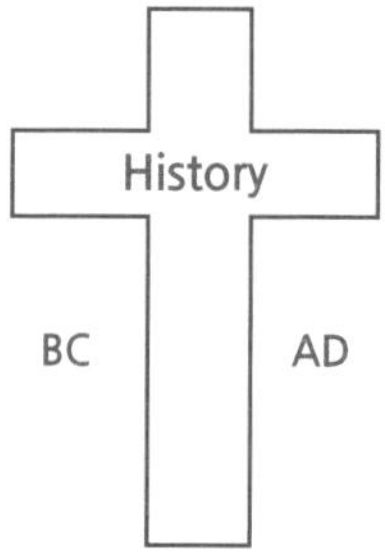

예수 그리스도는 누구와 비교할 수 없을 만큼 인류 역사에 큰 영향을 끼친 분이다. 그는 역사의 방향을 바꿔놓았다. 따라서 사람들은 인류 역사를 예수님이 세상에 오시기 전은 BC(Before Christ), 오신 후는 AD(Anno Domini, 우리 주님의 시대에)로 구분하고 있다. 우리가 현재 사용하고 있는 연도는 예수 그리스도 이후부터 새로 시작된 것으로, 그의 영향력이 얼마나 컸는지를 보여주는 증거가 된다. 따라서 역사(History)는 '그의 이야기'(His Story) 즉, 예수님에 관한 이야기라는 뜻으로 풀이해볼 수 있다. 인류 역사에서 예수님을 뺀다면 인류의 역사를 설명할 수 없다. 예수님은 전 세계 역사의 방향을 바꿔놓았다.

예수님의 생애가 세상에 끼친 영향력을 찾아보자. 그분의 소식이 전해진 곳은 어디나 개인적으로, 사회적으로 큰 변화가 일어났다. 예를 들어, 여성들의 지위에 대해 생각해보자. 아리스토텔레스는 "만일 여성이 자신의 남편과 동등하게 된다면, 이는 노예가 주인과 동등하게 되는 것과 같다. 따라서 사회질서는 완전히 무너지게 될 것이다."라고 말했다. 플라톤은 그의 사상 이상향에서 "여자는 남자에 의해 공동으로 소유되고 그들의 아이들은 국가에서 돌보아야 한다."라고 주장했다. 또 인도의 한 종교에서는 여성에 대한 차별을 당연한 것으로 여긴다.

반면 예수님은 여성과 남성이 동등함을 말씀하셨다. 신약성경은 예수 그리스도 안에서 남자나 여자나 노예나 자유인이 따로 없다고 선언한다(갈라디아서 3:28). 예수님의 이름이 전해지는 곳마다 인간의 존엄성과 결혼의 신성함이 강조되고, 여성의 권리와 선거권이 인정되었으며, 아동복리법과 노동법이 제정되고 노예제도의 폐지와 같은 수많은 변화들이 인류의 복지를 위해 이루어졌다.

어떤 작가는 이러한 예수님의 영향력에 대해 "1900년이라는 장구한 세월이 흘렀지만 오늘날도 여전히 예수 그리스도는 인류의 중심 기둥이며 진보 대열의 지도자이다. 지금까지 진군했던 모든 육군과 해군, 개회되었던 모든 의회, 통치했던 모든 왕들을 다 합해도 나사렛 예수 한 사람이 인류에게 끼친 것보다 더 강력한 영향을 주지 못했다."라고 말했다.

개인에게 끼친 영향

나는 많은 대학을 방문하여 수천 명의 학생들에게 예수님을 전했다. 물론 예수님에 대해 강한 반감을 품고 받아들이지 않는 학생들도 만났다. 그들은 예수 그리스도는 신화적인 인물이라고 말하거나 위대한 인간이지만 그 이상은 아니라고 말하기도 했다. 그들은 성경을 비웃고 예수 그리스도를 하나님의 아들로 예배하는 사람들을 조롱했다.

이런 회의론자 중에 당시 유명한 철학자이며 런던대학교 철학과 교수였던 시릴 조드(Cyril Joad)박사가 있다. 그는 기독교에 대해 적대적이었고 학생들의 무신론적 사고에 큰 영향을 주었다. 그는 '예수는 단지 한 인간이고 신은 우주의 일부분에 불과하기 때문에 만일 우주가 멸망하면 신도 사라질 것'이라고 믿었다. 또한 인간에게 죄 같은 것은 없으며, 인간의 지혜와 능력이 인간의 삶을 이상향으로 인도할 것이므로 시간이 지나면 인간은 지상에서 천국을 건설할 수 있을 것이라고 믿었다.

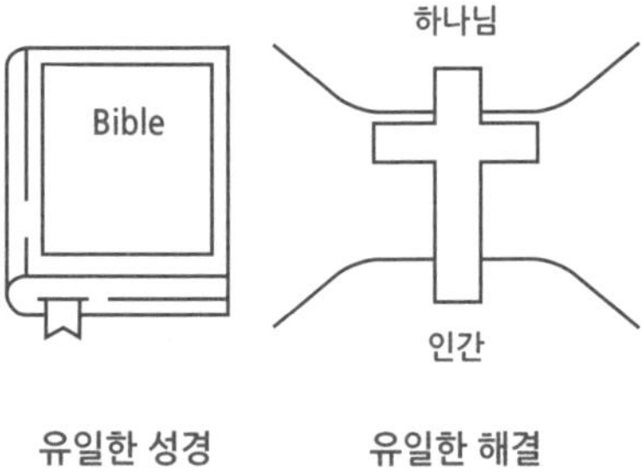

그러던 어느 날 아침, '로스앤젤레스 타임즈'(Los Angeles Times)의 제1면에서 나는 시릴 조드 박사의 사진과 함께 그의 삶에 일어난 변화에 대한 기사를 보았다. 죄를 믿지 않던 그가 죄는 실제로 존재하며 죄에 대해 가장 타당한 설명이 성경 속에 있다고 말한 것이다. 두 번의 세계대전이 그에게 인간이 죄인이라는 사실을 가르쳐 주었으며 죄에 대한 해결은 예수 그리스도의 십자가에서만 가능하다는 것을 믿게 되었다고 말했다. 그가 일생 동안 부인한 것을 받아들이게 된 놀라운 변화였다.

유명한 장군이며 문학 천재였던 류 웰리스(Lew Wallace)와 그의 친구 잉거솔(Ingersoll)은 예수를 믿는 사람들이 그럴 듯한 굴레에 묶여있다고 생각하고 분개하여 기독교의 신화를 영원히 도말해버릴 책을 쓰자고 함께 약속했다.

웰리스는 기독교를 무너뜨릴 자료를 찾기 위해 미국과 유럽의 도서관에서 2년 동안 연구하며 책을 집필하기 시작했다. 그러나 그는 책의 제2장을 쓰는 중 무릎을 꿇고 예수님을 '나의 주, 나의 하나님'이라 부르며 크게 울부짖었다. 예수 그리스도가 하나님의 아들이심을 더 이상 부인할 수 없었기 때문이다. 그가 사기꾼이라고 폭로하려고 했던 그분이 오히려 그를 사로잡았던 것이다. 후에 웰리스는 예수 그리스도와 그를 따르는 사람들의 삶에 관한 유명한 소설, "벤허"를 썼다.

또 한 명의 회의론자 씨 에스 루이스(C. S. Lewis)는 옥스포드대학 교수로 여러 해 동안 예수 그리스도의 신성을 부인했지만, 이제 그는 그리스도의 열렬한 신자가 되어 자신의 신앙고백을 담은 여러 책들을 저술했다. 그의 책

「순전한 기독교」(Mere Christianity)에서 그는 예수 그리스도에 대해 다음과 같이 말한다. "만약 예수가 단순히 한 인간으로서 그런 말과 행동을 한 것이라면, 그는 정신이상자이거나 사기꾼일 것입니다. 왜냐하면 그는 자신이 하나님이라고 말하고 행동했기 때문입니다. 그러므로 그를 위대한 도덕적 스승 정도로 보는 입장은 옳지 않습니다. 그의 주장이 사실이 아니라면 그는 정신이상자이거나 사기꾼일 것이고, 그의 주장이 사실이라면 그는 하나님의 아들일 것입니다. 예수님은 다른 선택의 여지를 남겨두지 않았습니다. 우리는 둘 중에 하나를 선택해야 합니다."

당신에게 나사렛 예수는 누구인가? 단순한 인간인가? 신화적인 인물인가? 아니면 하나님의 아들인가? 이 땅에서와 내세에서의 우리 삶은 이 질문에 대한 대답에 의해 결정된다.

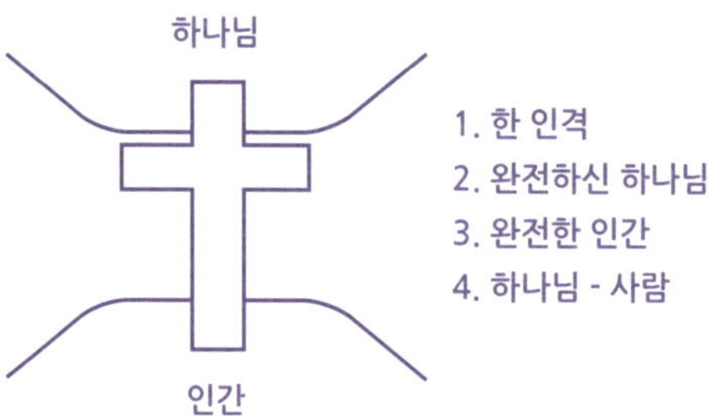

기독교의 역사적 기초

"기독교는 역사적 사실에 근거하여 세워진 것인가?"라고 묻는 사람이 있다. 이 질문에 대해 학자들은 어떻게 답하고 있을까?

맨체스터대학의 브루스(F. F. Bruce) 교수는 "어떤 사람들이 그리스도의 이야기를 신화라고 주장하지만, 그들은 역사적 증거에 근거하여 주장하는 것이 아니다. 공정한 역사가에게 그리스도의 역사성은 줄리어스 시저(Julius Caesar)의 역사성만큼이나 자명한 것이다."라고 말한다. 또한 하버드대학의 클리포드 무어(Clifford Moore) 교수는 다음과 같이 말한다. "기독교에서 주님으로 믿고 있는 예수 그리스도는 흔히 신화에 등장하는 신들에게서 보이는 조잡한 요소가 없으며, 예수 그리스도에 대한 신앙은 확실하게 드러난 역사적 사실 위에 기초하고 있다."

브리태니커 대백과사전에서는 석사학위 논문보다 많은 분량을 사용하여 예수 그리스도를 설명한다. 이것은 아리스토텔레스, 알렉산더, 줄리어스 시저, 석가, 공자, 모하메드를 위해 할애된 것보다 훨씬 많은 양이다. 나사렛 예수에 관한 수많은 자료들의 증언과 관련하여 저자는 다음과 같이 결론짓는다. "이러한 자료들은 고대에 심지어 기독교의 적대자들조차도 예수의 역사성을 결코 의심하지 않았다는 것을 증명해준다." 그의 역사성에 대한 의심은 18세기 말 몇몇 학자들이 부적절한 근거 위에서 처음 제기한 것이다.

예수 그리스도가 하나님의 아들이며 인류의 구원자라는 것을 믿지 않는 사람 중에 세계적으로 유명한 학자들도 있다. 나는 그들을 찾아가 예수 그리스도에 대해 말했고 그때마다 놀라지 않을 수 없었다. 예수 그리스도를 믿지 않는 사람들이 대부분 복음의 기본 내용조차 모르고 있었기 때문이다.

한 예로, 토마스 페인(Thomas Paine)의 작품이나 다른 회의론자의 작품을 읽어 본다면 그들이 예수 그리스도에 대해 충분히 이해하지 못한 채 그를 문제 삼고 있다는 것을 알게 될 것이다. 그들은 허수아비를 세워놓고 그것을 계속해서 파괴하고 있는 것과 같다.

나사렛 예수에 관한 증거들을 성실하게 검토해 보고도 그분이 하나님의 아들이라는 사실을 인정하지 않는 사람을 나는 만나보지 못했다. 내가 만났던 많은 회의론자들은 함께 이야기하고 생각을 나누는 동안, 성경을 거의 읽어보지 않았고 예수님에 관한 역사적 사실들을 충분히 생각해보지 않았음을 인정했다. 그들이 기독교에 적대감을 갖게 된 것은 유년시절에 기독교에 대해 좋지 못한 인상을 받았거나, 어떤 기독교인의 삶에서 모순점을 발견했거나 또는 어떤 대학 교수의 영향을 받았기 때문이었다.

4가지 놀라운 선물

예수님은 인류를 위해 수많은 일을 하셨다. 그 중 가장 중요한 네 가지를 소개하려고 한다. 첫째, 예수님만이 사람의 죄를 용서하신다. 둘째, 예수님만이 인생의 목적을 알려주신다. 셋째, 예수님만이 인간의 상한 심령에 평안을 주신다. 넷째, 예수님만이 풍성한 삶을 살 수 있는 힘을 주신다.

1. 죄를 용서해주심 (Pardon)

성경은 '모든 사람이 죄를 범하여 하나님께 나아갈 수 없고 죽음에 이르게 되었다'고 말한다(로마서 3:23; 6:23). 여기서 죽음이란 죄로 인해 하나님과 영적으로 분리되는 것을 말한다.

하나님과 분리된 인간은 자신을 향한 하나님의 사랑과 계획에 대해 알지 못한 채 삶의 목적을 잃고 방황하게 되었고, 마음에는 불안과 염려가 끊이지 않게 되었다. 뿐만 아니라 옳은 일을 하고 싶어도 할 수 없는 무능력한 존재가 되었다.

죄란 무엇인가? 죄는 도둑질, 거짓말 혹은 부도덕한 행위만을 말하는 것이 아니다. 근본적으로 죄는 내 마음대로 살아가려는 마음의 태도를 말한다. 즉, '내 인생은 내 것이므로 내가 하고 싶은 대로 하겠다'는 태도이다. 이것은 우리가 창조주 하나님의 피조물이라는 의존적 위치를 거부하고 인간의 자존과 자율성을 선언하는 것으로 오직 하나님만이 가능한 위치를 주장하는 것이다. 하나님을 떠나 자기중심적인 삶을 사는 사람은 하나님과의 관계가 끊어져서 마치 전원에 연결되지 못한 전등처럼 죄악의 어두움과 문제 속에서 살아간다. 우리 사회의 탐욕, 거짓, 부정, 성범죄, 소송사건의 증가, 가정의 불화, 높아지는 이혼율 등을 생각해보라. 이뿐 아니라 환경파괴 문제를 생각해볼 때 인간의 지나친 자기주장은 하나님의 영역에 도전하는 큰 죄라는 것을 인정해야 한다.

죄로 인해 벌어진 하나님과 사람 사이의 간격은 인간이 아무리 노력해도 해결할 수 없다. 그래서 하나님은 그의 아들 예수 그리스도를 통해 이 간격을 건널 수 있도록 다리를 놓아주셨다. 성경은 "하나님이 세상을 이처럼 사랑하사 독생자를 주셨으니 이는 그를 믿는 자마다 멸망하지 않고 영생을 얻게 하려 하심이라"(요한복음 3:16)고 말한다.

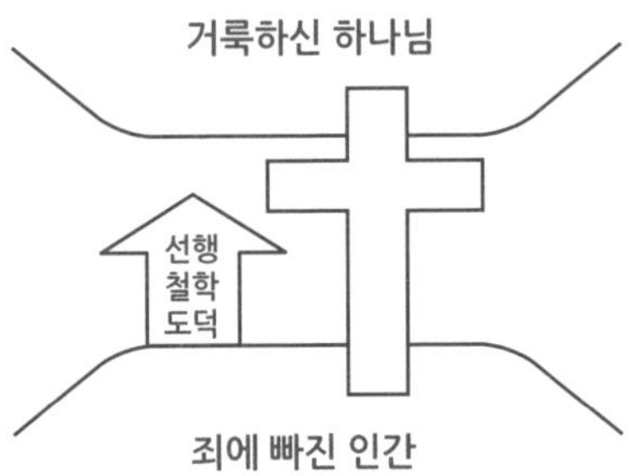

그러면 하나님은 어떻게 우리의 죄를 해결하셨는가?

죄의 삯은 사망이다(로마서 6:23). 죄를 지은 자는 반드시 죽어야 한다. 구약시대에 이스라엘 백성은 죄를 용서받기 위해 소, 양, 비둘기 등을 희생 제물로 제사장에게 바쳤고, 제사장은 그 동물을 죽여서 제물을 바친 사람의 죄가 용서받는 의식을 거행했다. 그러나 이 제사제도는 완전하지 못했고 죄를 더욱 생각나게 할 뿐이며, 인간의 죄를 대신해서 예수 그리스도가 죽임을 당할 것에 대한 예표였다.

속죄제사는 하나님이 그의 아들 예수 그리스도를 십자가에서 피 흘려 죽게 하심으로 비로소 완전해졌다. 흠 없는 제물이 되신 예수님이 하나님의 뜻에 순종하여 인류의 죄 값을 모두 지불하신 것이다.

예수 그리스도의 십자가 외에는 인간의 죄를 해결할 수 있는 방법이 없다. 모든 종교에서는 구원에 이르는 수단으로 선행의 원리를 주장한다. 사람들은 자기의 선행과 악행을 저울에 달아 선행 쪽이 무거우면 천국에 가고, 악행 쪽이 무거우면 지옥에 갈 것이라고 생각한다. 그의 삶이 끝날 때까지는 그가 천국에 갈지, 지옥에 갈지 모르는 것이다. 그런 종교나 철학은 얼마나 불안한가? 또한 누가 구원받기에 충분할 만큼 선행을 할 수 있겠는가?

예수 그리스도는 십자가에서 우리를 대신해 죽으셨지만 그것으로 끝이 아니었다. 그분은 삼 일 만에 다시 살아나셨다. 우리의 죄를 대신하여 죽으신 후에 죄와 죽음의 모든 권세를 이기고 다시 살아나신 것이다. 예수 그리스도를 믿고 영접하면 모든 죄를 용서받고, 그분의 능력으로 죄를 이길 힘을 얻게 된다. 인간의 죄에 대해 이와 같이 분명하고 구체적인 해결이 제시되어 있는 종교는 없다.

2. 인생의 목적을 알려주심 (Purpose)

이 세상에 존재하는 것 가운데 목적 없이 존재하는 것은 하나도 없다. 꽃 사이를 날아다니는 꿀벌도 꿀을 모으는 것과 함께 꽃의 수정을 돕는다. 아무도 살지 않는 지구 어딘가에 내리는 비는 어떤가? 그 비는 지구 생태계를 유지하는 중요한 역할을 한다. 존재하는 모든 것에는 나름의 목적이 있다. 인간도 예외가 아니다. 누구에게나 고유하면서도 위대한 삶의 목적이 있다.

당신은 삶의 목적이 무엇인지 발견했는가? 아직 발견하지 못했다면, 삶의 목적을 발견할 수 있는 방법이 궁금하지 않은가? 시계의 용도는 시계를 만든 사람이, 의자의 용도는 의자를 만든 목수가 잘 안다. 그처럼 내 인생의 목적도 나를 만든 분이 잘 알고 있을 것이 아닌가! 성경은 '모든 만물이 예수 그리스도에 의해 창조되었다'고 말한다(골로새서 1:16). 당신은 예수 그리스도 안에서 삶의 참된 목적을 발견할 수 있다.

최초의 인간이었던 아담 이후로 인류는 피조물로서의 의존적 위치를 거부하고 자신의 인생에 대해 자율권을 주장했다. 그 결과 인간은 하나님과의 관계를 상실하고 인생의 방향을 잃게 되었다. 방향을 잃어버린 인간은 거친 바다 위에서 닻도 없고 항해지도도 없이 물결에 휩쓸려 떠다니는 배와 같다. 아무리 많이 배우고, 많이 소유하고, 높은 성취를 했다 하더라도 인간은 마음 깊은 곳에 불만족과 공허감을 느끼게 된다.

유명한 역사가이자 철학자인 웰스(H. G. Wells)는 61세가 되었을 때 "나에게는 평안이 없다. 나는 인생의 종점에 서 있다."라고 했고, 시인 바이런(George Gordon Byron)은 "내 인생은 만추의 낙엽이라. 꽃과 열매는 다 떨어지고 낡고 벌레 먹음과 비애만이 내 것이 되었구나."라고 했다. 또한 미국의 만화가 랄프 바톤(Ralph Barton)은 죽기 전에 "나는 친구가 많았고 성공도 했으며 어려움이라곤 없었다. 아내를 마음대로 바꾸었고, 이집 저집에서 살아 보았고, 여러 나라를 여행했지만 단 하루도 마음의 피로가 그친 날이 없었다. 하루 24시간을 메우는 일에 진력이 났다."라고 말했다. 이러한 비탄과 공허함에 대해 철학자 파스칼(Blaise Pascal)은 "모든 사람의 마음속에는 하나님이 만드신 하나의 공백이 있다. 이것은 어떠한 피조물로도 채워질 수 없고 오직 예수 그리스도를 통해 하나님에 의해서만 채워질 수 있다."고 말했다.

당신은 진정한 인생의 의미와 만족을 찾고 싶은가? 그렇다면 예수 그리스도를 마음속에 구주로 영접하라. 당신을 만드시고 당신의 모든 것을 아시는 그분이 당신의 삶의 목적에 대해서 알려주실 것이다.

3. 평안을 주심 (Peace)

오늘날만큼 인간의 내면에 대한 관심이 고조된 시기는 없었던 것 같다. 수많은 사람들이 경제적인 문제, 인간관계의 문제, 가정에서의 문제로 고통과 불안과 근심을 경험하며 마음의 평안을 찾는다. 예수 그리스도는 평강의 왕으로서 당신에게 진정한 평강을 주실 수 있다. 예수님은 요한복음 14:27에서 "평안을 너희에게 끼치노니 곧 나의 평안을 너희에게 주노라. 내가 너희에게 주는 것은 세상이 주는 것 같지 아니하니라. 너희는 마음에 근심하지도 말고 두려워하지도 말라."고 말씀하셨다. 또 마태복음 11:28에서는 "수고하고 무거운 짐 진 자들아 다 내게로 오라. 내가 너희를 쉬게 하리라."고 말씀하셨다. 그를 따르는 자들은 이런 놀라운 내적 평안을 경험하게 된다.

몇 년 전, 나는 워싱턴에서 열린 국제 기독교 지도자협의회에 연사로 초청받았었다. 이 모임에 대학 때 친했던 친구가 해군 사령관이 되어 국방부 대표로 참석했다. 우리가 개인적으로 만나 대화하는 중에 그는 사랑하는 어린 자녀가 최근에 죽은 비통한 이야기를 들려주었다. 그는 나를 자기 집으로 초청했고, 그날 저녁 우리는 많은 이야기를 나누었으며 그들 부부는 예수 그리스도를 구주로 영접했다. 그들은 큰 평안과 위로를 경험했다.

다음 해, 다시 그 모임에 초청을 받아 워싱턴으로 갔다. 그 친구도 국방부를 대표하여 참석했다. 그는 지난해에 나와 만난 이후 더욱 비극적인 사건이 있었음을 말해주었다. 그의 또 다른 자녀마저 신경조직에 암이 생겨 죽었다는 것이다. 나는 그와 나눈 그날의 대화를 잊을 수 없다. 그는 "어떻게 된 것인지 잘 알지는 못하겠네. 그 아이를 무척 사랑했고 죽음의 이별이 너무 고통스러웠지만, 그 아이가 앓아누워 있는 동안 그리고 죽은 후에 예수 그리스도의 존재가 더욱 절실해졌다네. 잘 이해할 수는 없지만 모든 고통을 뛰어 넘어 평안이 주어졌다네."라고 말했다. 그는 모든 것을 하나님께 맡기고 주어진 상황을 받아들이는 겸허한 미소를 지었다.

4. 능력을 주심 (Power)

사람들은 흔히 "그리스도인이 되고 싶지만, 지금까지 저지른 잘못, 미움, 원한, 부도덕함, 과음, 거친 말투, 그 외에 여러 잘못한 일들 뿐 아니라 앞으로도 얼마든지 죄를 지을 가능성이 있기 때문에 나는 도저히 그리스도인의 삶을 살 수 없을 것 같다"고 말한다.

이렇게 말하는 것은 그리스도인의 삶의 초자연적 특성을 알지 못하기 때문이다. 그리스도인의 삶이란 내 자신의 힘으로 살아가는 것이 아니라 예수 그리스도께 내 삶을 맡기고 그분과 함께 살아가는 것이다. 우리의 힘만으로는 불가능하지만, 예수 그리스도께서 우리 안에 들어오셔서 함께하실 때 그리스도인의 삶을 살 수 있는 힘을 공급받게 된다. 좀 더 정확히 말하면, 예수 그리스도께서 하나님의 목적에 맞는 삶을 살 수 있도록 우리에게 능력을 주시는 것이다.

예수님은 어느 날 밤 찾아온 니고데모라는 사람에게 "사람이 거듭나지 아니하면 하나님 나라를 볼 수 없다"(요한복음 3:1~21)고 말씀하셨다. 니고데모는 거듭난다는 말이 무슨 뜻인지 몰라서 "사람이 어떻게 다시 어머니 뱃속에 들어갔다가 태어날 수 있습니까?"라고 되물었다. 이에 예수님은 '육으로 난 것은 육이요, 영으로 난 것은 영이라'고 하시며, 하나님 나라에 들어가기 위해서는 물과 성령으로 거듭나야 한다고 말씀하셨다.

먼지 속을 기어 다니는 애벌레를 상상해보자. 만일 애벌레에게 "너는 왜 나비같이 날지 않고 먼지 속을 기어 다니니?"라고 묻는다면, 애벌레는 "나는 날개가 없어서 날 수 없고 먼지 속을 기어 다닐 수밖에 없다"고 대답할 것이다. 우리가 애벌레에게 "수술을 해서 네 몸에 날개를 달고 항공 기술을 배워 보면 어떻겠니?"라고 제안할 수 있다. 그러나 스스로 돋아난 날개가 없는 한 그 모든 것은 쓸모없는 노력일 뿐이다.

우리 자신의 힘과 노력으로 신앙생활을 하려고 하는 것은 애벌레에게 수술로 날개를 달아주고 항공 기술을 가르치는 것과 같다. 아무리 애쓰고 노력해도 날개가 없는 애벌레는 날 수 없다. 그러나 애벌레가 고치를 짓고, 시간이 지난 후 고치를 벗어버리면 아름다운 나비가 되어 나온다. 고치 속에서 무슨 일이 일어났는지 알 수 없지만, 우리는 먼지 속을 기어 다니던 애벌레가 나비가 되어 하늘을 나는 것을 볼 수 있다. 그리스도인이 되는 것도 이와 같다. 예수 그리스도를 마음속에 영접할 때 새로운 생명으로 거듭나게 된다. 예수 그리스도로 인하여 우리는 한 번도 경험해보지 못한 새로운 차원의 삶을 살 수 있게 된다. 다만, 이러한 새로운 탄생은 예수 그리스도께서 당신의 마음 가운데 들어오실 때 일어난다.

인격적인 믿음의 필요

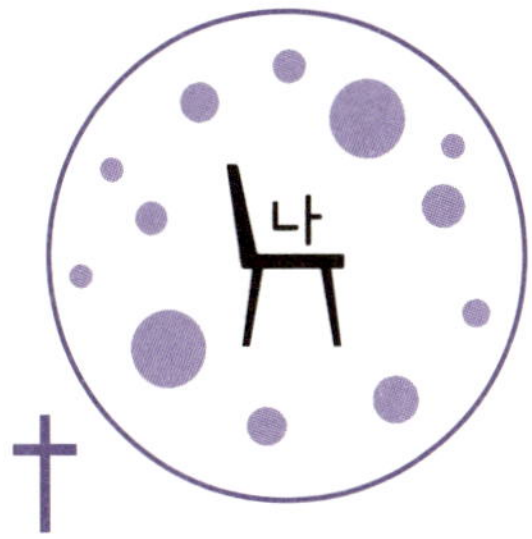

예수 그리스도를 믿기 원한다면, 먼저 믿는다는 것의 뜻을 알 필요가 있다.

사람의 마음에는 하나의 왕좌가 있다. 사람들은 왕좌에 자신이 앉아서 삶의 모든 일을 자기 마음대로 하려고 한다. 예수 그리스도를 믿기 원하면, 마음의 왕좌를 예수 그리스도에게 넘겨드려야 한다. 믿음은 예수 그리스도가 어떤 분인지를 지식적으로 아는 것만이 아니라 의지를 드려 삶의 주도권을 넘겨드리는 것을 포함한다.

어떤 사람이 이렇게 말할 수도 있다. "나는 예수 그리스도가 하나님의 아들로서 내 죄를 대속하기 위해 죽으신 것을 믿는다. 이것을 믿으면 그리스도인이 아닌가?" 그러나 만약 '나'의 의지를 그분께 드리려 하지 않는다면 그는 아직 그리스도인이 아니다.

또는 "나는 수련회나 특별한 집회 기간 중 훌륭한 설교 말씀을 듣고 크게 감동받은 적이 있었다. 심지어 자진해서 앞에 나아가 상담까지 했다. 그런데 그리스도인이 아닌가?"라고 말할 수도 있다. 그러나 만일 마음 중심의 왕좌를 그리스도께 드리지 않았다면 아직 그리스도인이 아니다. 어떤 사람은 이렇게 말하기도 한다. "나는 정기적으로 교회에 나가고 매일 성경을 읽으며 선한 삶을 살기 위해 애쓴다. 그래도 그리스도인이 아닌가?" 자신의 의지를 그리스도께 드리지 않는다면 그 역시 그리스도인이라고 할 수 없다. 의지를 포함한 전인격적인 신뢰만이 참된 그리스도인의 삶을 사는 비결이다.

기회를 붙잡으라

아직 예수 그리스도를 구주로 영접하지 않았는가? 주님은 이 순간에도 당신의 마음 문을 두드리고 계신다. 요한계시록 3:20을 보면 "볼지어다 내가 문 밖에 서서 두드리노니 누구든지 내 음성을 듣고 문을 열면 내가 그에게로 들어가 그와 더불어 먹고 그는 나와 더불어 먹으리라"고 하셨다. 지금 조용히 당신의 의지를 그에게 드리지 않겠는가?

예수 그리스도를 당신의 삶에 초청하면 그는 당신 안에 들어오셔서 죄를 용서하시고. 삶에 목적을 주시며. 평안과 능력을 부어 주실 것이다. 바로 지금, 이렇게 기도하지 않겠는가?

"주 예수님, 나는 주님을 믿고 싶습니다. 십자가에서 죽으심으로 내 죄 값을 담당하시니 감사합니다. 지금 나는 내 마음의 문을 열고 예수님을 나의 구주, 나의 하나님으로 영접합니다. 나의 죄를 용서하시고 영생을 주심을 감사합니다. 나를 다스려 주시고 나를 주님이 원하시는 사람으로 만들어 주옵소서. 예수님의 이름으로 기도합니다. 아멘."

요한복음 1:12에는 "영접하는 자 곧 그 이름을 믿는 자들에게는 하나님의 자녀가 되는 권세를 주셨으니"라고 기록되어 있다. 예수 그리스도를 영접하면 당신은 하나님의 자녀가 된다.

또한 요한일서 5:11~12은 "하나님이 우리에게 영생을 주신 것과 이 생명이 그의 아들 안에 있는 그것이니라. 아들이 있는 자에게는 생명이 있고"라고 말한다. 예수 그리스도를 영접하면 당신은 영원한 생명을 소유하게 된다.

권면

예수 그리스도를 믿고 따르기로 결정하는 것은 매우 중요한 일이다. 그리고 이것은 하나의 시작이라고 할 수 있다. 다시 말해, 영적으로 새롭게 태어나는 것이다. 갓난아이에게 부모의 보살핌과 양육, 가정이라는 환경이 필요하듯이 영적 출생을 한 사람에게도 그를 보살펴주고 이끌어주는 공동체가 필요하다. 이러한 공동체가 바로 교회이다. 하나님의 말씀을 올바로 전하는 교회에 규칙적으로 나가서 성실하게 신앙생활을 해야 한다.

1과

예수 그리스도는 누구신가?

예수 그리스도가 하나님의 아들이심을
알게 한다.

1. 예수 그리스도와 성취된 예언

'누구든지 5분 후에 일어날 일을 미리 알 수 있다면 그 사람은 세계의 지배자가 될 수 있다'는 말이 있다. 놀랍게도 성경은 많은 사건들을 수백 년 혹은 수천 년 전에 예언했고 이 예언들은 모두 성취되었다. 이 예언들은 예루살렘, 여리고, 사마리아, 두로와 같은 도시나 모압, 앗시리아, 바벨론과 같은 국가의 흥망성쇠뿐 아니라 역사의 특정 인물들에 관한 것이다.

놀랍게도 구약성경은 예수 그리스도가 태어나기 전 그리스도에 관해 300회 이상 예언했으며, 역사는 이 예언들이 세밀한 것까지 성취되었음을 보여준다. 한 인간의 탄생과 죽음 등 일생이 예언되고 그것이 성취될 확률이 얼마나 되리라고 생각하는가?

이런 예언의 성취는 예수님이 단순히 한 인간이 아님을 구체적으로 보여준다. 예수님이 어떤 분인지 살펴보자.

다음은 구약성경에 나타난 예수 그리스도에 관한 예언과 성취의 예이다.

요약	구약성경의 예언	신약성경의 성취
처녀 잉태	이사야 7:14 처녀가 잉태하여 아들을 낳을 것을 예언	마태복음 1:18~20 마리아가 요셉과 약혼하고 동거하기 전에 성령으로 예수님을 잉태함
탄생지	미가 5:2 영원부터 계신 자가 베들레헴에서 태어날 것을 예언	누가복음 2:4~7 요셉과 마리아가 호적하러 베들레헴에 갔을 때 아기 예수를 낳음
죽으신 목적	이사야 53:4~6 고난받는 종이 사람들의 죄악을 위해 죽임 당하실 것을 예언	베드로전서 2:24 예수님이 우리 죄를 위해 십자가에서 죽으심

속옷을 제비 뽑음	시편 22:18 그리스도의 겉옷을 나누고 속옷을 제비 뽑는 것을 예언	요한복음 19:23~24 군인들이 예수님을 십자가에 못 박은 후 겉옷은 나누어 갖고 속옷을 제비 뽑음
부활	시편 16:9~10 주의 거룩한 자를 무덤에 버려두지 않고 썩지 않게 하실 것을 예언	사도행전 2:31~32 예수님이 부활하심

구약성경은 인류를 구원하기 위해 오실 그리스도에 대해 예언하고, 신약성경은 예수님이 구약의 모든 예언을 성취하신 그리스도이심을 말한다. 처녀 잉태, 탄생지, 십자가 죽음, 부활 등에 관한 예언의 성취는 예수님이 단순히 한 인간이 아니라 인류를 구원하기 위해 하나님이 보내신 그리스도라는 사실을 구체적으로 뒷받침한다.

2. 예수 그리스도는 자신을 누구라고 말씀하셨는가?

(1) 요한복음 5:17~18

요한복음 5:17~18 17예수께서 그들에게 이르시되 내 아버지께서 이제까
지 일하시니 나도 일한다 하시매 18유대인들이 이로 말미암아 더욱 예수
를 죽이고자 하니 이는 안식일을 범할 뿐만 아니라 하나님을 자기의 친아
버지라 하여 자기를 하나님과 동등으로 삼으심이러라

(2) 요한복음 10:30~33

요한복음 10:30~33 [30]나와 아버지는 하나이니라 하신대 [31]유대인들이 다
시 돌을 들어 치려 하거늘 [32]예수께서 대답하시되 내가 아버지로 말미암
아 여러 가지 선한 일로 너희에게 보였거늘 그 중에 어떤 일로 나를 돌로
치려 하느냐 [33]유대인들이 대답하되 선한 일로 말미암아 우리가 너를 돌
로 치려는 것이 아니라 신성모독으로 인함이니 네가 사람이 되어 자칭 하
나님이라 함이로라

유대인들은 예수님의 말씀을 듣고 어떻게 생각했는가?

(3) 요한복음 14:6

요한복음 14:6 예수께서 이르시되 내가 곧 길이요 진리요 생명이니 나로 말미암지 않고는 아버지께로 올 자가 없느니라

예수님은 자신을 하나님의 아들이라고 말씀하셨고 길과 진리와 생명이 되시며 자신을 통해서만 하나님께 갈 수 있다고 말씀하셨다.

3. 다른 사람들은 예수 그리스도를 어떻게 생각했는가?

(1) 그의 제자들

① 베드로(마태복음 16:16)

마태복음 16:16 시몬 베드로가 대답하여 이르되 주는 그리스도시요 살아 계신 하나님의 아들이시니이다

베드로의 말에 예수 그리스도는 어떻게 대답하셨는가? (17절)

마태복음 16:17 예수께서 대답하여 이르시되 바요나 시몬아 네가 복이 있도다 이를 네게 알게 한 이는 혈육이 아니요 하늘에 계신 내 아버지시니라

② 마르다(요한복음 11:27)

요한복음 11:27 이르되 주여 그러하외다 주는 그리스도시요 세상에 오시는 하나님의 아들이신 줄 내가 믿나이다

③ 도마(요한복음 20:25~28)

요한복음 20:25~28
25다른 제자들이 그에게 이르되 우리가 주를 보았노라 하니 도마가 이르되 내가 그의 손의 못 자국을 보며 내 손가락을 그 못 자국에 넣으며 내 손을 그 옆구리에 넣어 보지 않고는 믿지 아니하겠노라 하니라
26여드레를 지나서 제자들이 다시 집 안에 있을 때에 도마도 함께 있고 문들이 닫혔는데 예수께서 오사 가운데 서서 이르시되 너희에게 평강이 있을지어다 하시고
27도마에게 이르시되 네 손가락을 이리 내밀어 내 손을 보고 네 손을 내밀어 내 옆구리에 넣어 보라 그리하여 믿음 없는 자가 되지 말고 믿는 자가 되라
28도마가 대답하여 이르되 나의 주님이시요 나의 하나님이시니이다

도마의 말에 대해 예수 그리스도는 어떻게 대답하셨는가? (29절)

요한복음 20:29 예수께서 이르시되 너는 나를 본 고로 믿느냐 보지 못하고 믿는 자들은 복되도다 하시니라

예수님을 따르던 제자들은 예수님을 그리스도, 즉 인류를 죄에서 구원할 자이시며 하나님의 아들이라고 고백했다.

(2) 그의 반대자들

① 유대인들(요한복음 10:33)

요한복음 10:33 유대인들이 대답하되 선한 일로 말미암아 우리가 너를 돌로 치려는 것이 아니라 신성모독으로 인함이니 네가 사람이 되어 자칭 하나님이라 함이로라

② 가룟 유다(마태복음 27:3~4)

마태복음 27:3~4 3그 때에 예수를 판 유다가 그의 정죄됨을 보고 스스로
뉘우쳐 그 은 삼십을 대제사장들과 장로들에게 도로 갖다 주며 4이르되
내가 무죄한 피를 팔고 죄를 범하였도다 하니 그들이 이르되 그것이 우리
에게 무슨 상관이냐 네가 당하라 하거늘

③ 빌라도(마태복음 27:22~24; 누가복음 23:4)

마태복음 27:22~24 22빌라도가 이르되 그러면 그리스도라 하는 예수를
내가 어떻게 하랴 그들이 다 이르되 십자가에 못 박혀야 하겠나이다 23빌
라도가 이르되 어찜이냐 무슨 악한 일을 하였느냐 그들이 더욱 소리 질러

이르되 십자가에 못 박혀야 하겠나이다 하는지라 [24]빌라도가 아무 성과도 없이 도리어 민란이 나려는 것을 보고 물을 가져다가 무리 앞에서 손을 씻으며 이르되 이 사람의 피에 대하여 나는 무죄하니 너희가 당하라

누가복음 23:4 빌라도가 대제사장들과 무리에게 이르되 내가 보니 이 사람에게 죄가 없도다 하니

④ 로마 군인들(마태복음 27:54)

마태복음 27:54 백부장과 및 함께 예수를 지키던 자들이 지진과 그 일어난 일들을 보고 심히 두려워하여 이르되 이는 진실로 하나님의 아들이었도다 하더라

예수님은 자신이 하나님이라고 주장하셨고, 하나님이라는 칭호에 대해 부인하시지 않았으며, 자기를 따르는 무리들이 하나님의 아들이며 그리스도라고 고백하는 것을 오히려 칭찬하셨다. 또한 예수님을 반대했던 사람들조차도 예수님이 선한 일을 했고 죄가 없음을 인정했다.

4. 당신은 예수 그리스도를 누구라고 말하겠는가?

아래의 도표를 참조하며 다음의 질문에 답해보라.

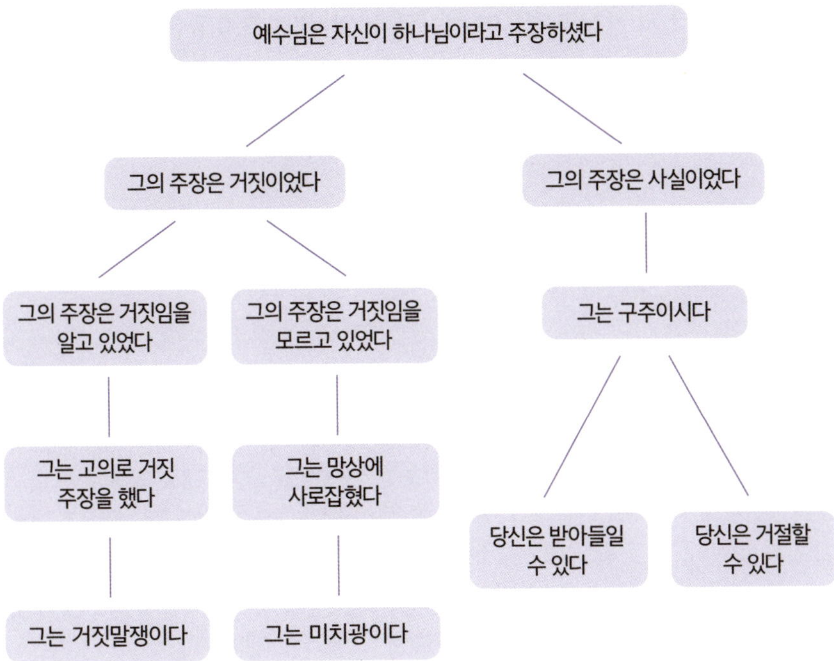

(1) 예수 그리스도가 하나님이 아니었다고 가정해보자. 그가 자신이 하나님이 아님을 알고 있으면서도 그런 주장을 했다면 그에 대해 어떤 결론을 내릴 수 있는가?

(2) 1번과 같은 가정 아래, 그가 진실로 자신을 하나님이라고 믿고 그런 주장을 했다면 어떤 결론을 내릴 수 있는가?

(3) 위의 두 가지 가정과 결론이 성립될 수 있는가? 그 이유는?

> 만일 예수님이 평범한 인간으로서 자신이 하나님이라고 주장하셨다면, 그는 미치광이거나 악마일 것이다. 일반적으로 위대한 도덕적 스승이나 성자로 인식되고 있는 예수님에 대해 우리는 양자택일을 해야 한다. 예수님의 말씀이 모두 사실로써 하나님의 아들이든지, 아니면 미친 사람이거나 악마라고 해야 한다. 또는 그를 귀신들렸다고 일축해 버리거나, 아니면 "나의 주, 나의 하나님"이라고 고백할 수밖에 없을 것이다. 절대로 그가 위대한 도덕적 스승이라는 동정적 태도를 취하지 말라. 그분은 우리에게 그런 선택의 여지를 남겨 두지 않으셨다.
>
> 씨 에스 루이스(C. S. Lewis), 『순전한 기독교』

(4) 당신은 예수님을 누구라고 생각하는가? 그 이유는?

적용

1. 당신은 예수님을 하나님으로 영접하겠는가?

읽을 말씀: 요한복음 1:1~34

외울 말씀: 요한복음 14:6

요한복음 14:6 예수께서 이르시되 내가 곧 길이요 진리요 생명이니 나로 말미암지 않고는 아버지께로 올 자가 없느니라

2과

예수 그리스도의 생애

예수 그리스도의 생애를 통해

그분이 참 사람이시며

참 하나님이심을 알게 한다.

예수 그리스도는 이 세상에 살았던 가장 위대한 인물이다. 그의 탄생, 인격, 행하신 일, 가르침은 그분이 하나님이심을 나타낸다. 인류 역사에서 사람이면서 동시에 하나님이셨던 예수님과 같은 분은 없었다.

1. 예수 그리스도께서 세상에 오심

(1) 요한복음 17:5에 의하면, 예수님은 세상에 오시기 전 어디에 계셨는가?

요한복음 17:5 아버지여 창세 전에 내가 아버지와 함께 가졌던 영화로써 지금도 아버지와 함께 나를 영화롭게 하옵소서

(2) 마태복음 1:18~25을 읽고 예수님의 탄생 경위를 요약해 보라.

신약성경은 예수님께서 공생애를 시작하기 전 즉, 인간의 구원을 위해 일하시기 전까지 30년간의 생애에 대해서는 거의 언급하지 않는다. 복음서 저자들은 예수님의 삶을 시간 순서에 따라 기록하기보다 예수님이 인류를 구원하시는 하나님의 아들이라는 것에 초점을 맞추어 기록하고 있다.

2. 예수 그리스도의 인격

다음 성경 구절들은 예수님의 인격을 어떻게 묘사하고 있는가?

(1) 마가복음 1:40~42

마가복음 1:40~42 [40]한 나병환자가 예수께 와서 꿇어 엎드려 간구하여
이르되 원하시면 저를 깨끗하게 하실 수 있나이다 [41]예수께서 불쌍히 여
기사 손을 내밀어 그에게 대시며 이르시되 내가 원하노니 깨끗함을 받으
라 하시니 [42]곧 나병이 그 사람에게서 떠나가고 깨끗하여진지라

(2) 누가복음 23:33~34

누가복음 23:33~34 [33]해골이라 하는 곳에 이르러 거기서 예수를 십자가
에 못 박고 두 행악자도 그렇게 하니 하나는 우편에, 하나는 좌편에 있더
라 [34]이에 예수께서 이르시되 아버지 저들을 사하여 주옵소서 자기들이 하
는 것을 알지 못함이니이다 하시더라 그들이 그의 옷을 나눠 제비 뽑을새

(3) 마가복음 10:13~16

마가복음 10:13~16 13사람들이 예수께서 만져 주심을 바라고 어린 아이들
을 데리고 오매 제자들이 꾸짖거늘 14예수께서 보시고 노하시어 이르시되
어린 아이들이 내게 오는 것을 용납하고 금하지 말라 하나님의 나라가 이
런 자의 것이니라 15내가 진실로 너희에게 이르노니 누구든지 하나님의 나
라를 어린 아이와 같이 받들지 않는 자는 결단코 그 곳에 들어가지 못하리
라 하시고 16그 어린 아이들을 안고 그들 위에 안수하시고 축복하시니라

(4) 마태복음 20:20~28

예수님은 병든 자들을 불쌍히 여기셔서 병을 고쳐주실 뿐 아니라 마음의 상처도 고쳐주셨다. 원수도 용서하고 사랑하시며 사회적 신분이나 명성에 관계없이 누구도 무시하지 않고 포용하는 분이셨다. 예수님은 섬김을 받기보다 오히려 다른 사람들을 섬기셨고 사람들을 구원하기 위해 자신의 목숨까지 희생하셨다.

> "예수님의 인격은 도덕의 표준일 뿐 아니라 도덕을 실천케 하는 가장 강력한 원동력이 된다. 예수님이 사셨던 3년간의 짧은 공생애에 대한 기록이 어떤 철학자의 논문이나 어떤 성인의 권고보다 인류에게 더욱 깊은 감화를 끼쳤다."
>
> 렉키(W. E. H. Lecky), 『유럽 도덕사』

3. 예수 그리스도의 행하신 일

다음 성경구절들은 예수님이 어떤 능력을 가진 분이라고 말하는가?

(1) 마가복음 4:35~41; 8:22~25

(2) 요한복음 4:46~53

(3) 누가복음 7:11~17

예수님은 자연을 다스리시고, 병자를 고치시며, 죽은 사람을 살리셨다. 이러한 능력은 인간은 가질 수 없고 하나님만이 가질 수 있다. 따라서 예수님이 하나님이신 것을 알 수 있다.

4. 예수 그리스도의 가르침

(1) 다음 성경구절에서 예수님은 무엇을 가르치셨는가?

① 요한복음 3:1~8

② 마가복음 1:14~15

마가복음 1:14~15 [14]요한이 잡힌 후 예수께서 갈릴리에 오셔서 하나님의
복음을 전파하여 [15]이르시되 때가 찼고 하나님의 나라가 가까이 왔으니
회개하고 복음을 믿으라 하시더라

(2) 예수님은 말씀으로만 아니라 삶을 통해서도 가르치셨다. 다음의 성경구절에 나타난 예수님의 모습에서 무엇을 배울 수 있는가?

① 누가복음 15:1~2

누가복음 15:1~2 [1]모든 세리와 죄인들이 말씀을 들으러 가까이 나아오
니 [2]바리새인과 서기관들이 수군거려 이르되 이 사람이 죄인을 영접하고
음식을 같이 먹는다 하더라

② 요한복음 13:3~7, 12~17

(3) 예수님께서 산 위에서 가르쳐 주신 교훈을 "산상수훈"(마태복음 5~7장)이라고 한다. 마태복음 7:7~11의 말씀을 읽고 다음의 내용들을 찾아보자.

① 반복을 통한 효과적인 의미 전달:

② 적절한 예화:

③ 예화의 요약:

④ 예화의 적용:

(4) 예수님께서 효과적으로 가르치신 방법보다 더욱 중요한 것은 무엇인가? (마태복음 7:29)

마태복음 7:29 이는 그 가르치시는 것이 권위 있는 자와 같고 그들의 서기관들과 같지 아니함일러라

예수님이 가지신 권위의 근거는 어디에 있는가? (요한복음 12:49~50)

요한복음 12:49~50 [49]내가 내 자의로 말한 것이 아니요 나를 보내신 아버지께서 내가 말할 것과 이를 것을 친히 명령하여 주셨으니 [50]나는 그의 명령이 영생인줄 아노라 그러므로 내가 이르는 것은 내 아버지께서 내게 말씀하신 그대로니라 하시니라

예수님의 탄생과 생애는 예수님이 참 하나님이시며 참 사람이신 것을 증명한다. 예수님의 온전한 인격은 병든 자를 불쌍히 여기고 원수를 사랑하고 누구도 차별하지 않으신 것에서 알 수 있다. 또한 바람과 바다를 다스리고 병자를 고치며 죽은 사람을 살리신 것은 그분이 하나님이신 것을 증명한다. 그는 하나님의 권위로 하나님 나라를 가르치시되 누구나 이해할 수 있도록 적절한 예화를 사용하셨을 뿐 아니라 삶의 본을 보여서 가르치셨다. 이처럼 예수님은 하나님이지만, 사람들을 죄로부터 구원하기 위해 스스로 사람이 되신 분으로 그는 완전한 인간이시며 완전한 하나님이시다.

적용

1. 예수 그리스도의 인격과 가르침 중 당신에게 가장 의미 있게 다가오는 부분은 무엇인가?

2. 예수님의 가르침이 믿을 만한가? 그 이유는 무엇인가?

읽을 말씀: 요한복음 17장

외울 말씀: 요한복음 1:12

요한복음 1:12 영접하는 자 곧 그 이름을 믿는 자들에게는 하나님의 자녀가 되는 권세를 주셨으니

3과

예수 그리스도의 죽음

예수 그리스도께서 십자가에서 죽으신 이유를 살펴보고

그분의 죽음이 당신과 어떤 관계가 있는지 알게 한다.

사람들은 죽음에 대해서 말하는 것을 좋아하지 않는다. 그러나 성경은 죽음에 대해 매우 중요한 것을 가르친다. 성경은 죽음의 의미를 "존재의 중단"이 아니라 "분리"라고 말한다. 육체적인 죽음은 육체로부터 영혼이 분리되는 것이며, 영적인 죽음은 생명의 근원이신 하나님으로부터 분리되는 것을 의미한다. 육체적인 죽음과 영적인 죽음은 둘 다 죄의 결과이다.

본래 사람은 하나님과 사귀며 살도록 창조되었다. 그러나 사람이 자기 마음대로 살려고 했기 때문에 하나님과의 사귐이 끊어지고 말았다. 콘센트에서 플러그를 빼 보라. 전류의 흐름이 단절되고 전등의 빛은 곧 꺼지고 만다. 성경은 이와 같은 일이 인간에게 일어났다고 말한다.

이 분리의 결과로 도둑질, 폭행, 간음, 살인 등의 죄뿐만 아니라 불안, 염려, 삶의 무목적, 허무, 현실 도피, 죽음의 공포가 생긴다. 이런 현상들은 풍성한 삶을 살 수 있는 능력을 주시는 하나님과의 관계가 단절되었기 때문이다.

사람에게 가장 중요한 문제는 "어떻게 하나님과의 사귐을 회복할 수 있는가?"이다. 그런데 사람의 힘으로는 결코 하나님과의 단절을 해결할 수 없다. 오직 예수님을 통해서만 하나님께 나아갈 수 있다. 예수님을 통해 어떻게 하나님과의 사귐을 회복할 수 있는지 살펴보자.

1. 죄에 빠진 인간

(1) 로마서 3:10~12, 23을 자세히 읽으라.

로마서 3:10~12 10기록된 바 의인은 없나니 하나도 없으며 11깨닫는 자도 없고 하나님을 찾는 자도 없고 12다 치우쳐 함께 무익하게 되고 선을 행하는 자는 없나니 하나도 없도다

로마서 3:23 모든 사람이 죄를 범하였으매 하나님의 영광에 이르지 못하더니

① 이 구절들에서 '모든', '없다', '하나도 … 없다' 등의 단어들이 몇 번 사용되었는가?

② 로마서의 저자는 이 단어들을 왜 여러 번 반복하여 사용하였을까?

③ 이 구절들은 도덕적이고 선하게 사는 사람들에 대해 어떻게 말하고 있는가?

(2) 죄의 결과는 무엇인가? (로마서 6:23)

로마서 6:23 죄의 삯은 사망이요 하나님의 은사는 그리스도 예수 우리 주 안에 있는 영생이니라

(3) 사람은 죄의 결과를 스스로 해결할 수 있는가?

(4) 사람은 어떻게 죄의 결과를 해결할 수 있는가?

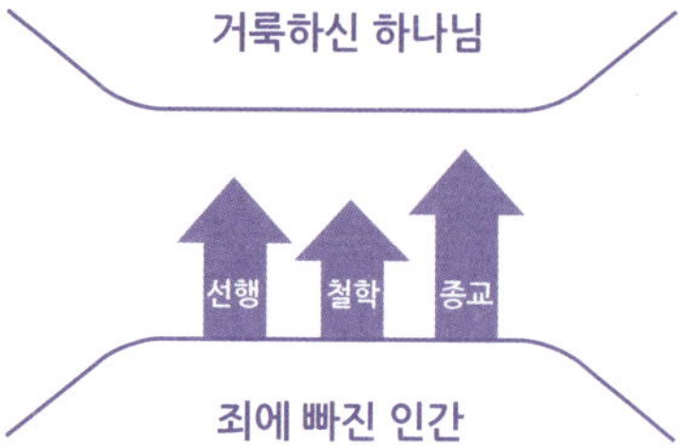

2. 예수그리스도가 죽으셔야 할 필요성

(1) 예수님은 왜 죽으셨는가? (로마서 5:8; 베드로전서 2:24)

로마서 5:8 우리가 아직 죄인 되었을 때에 그리스도께서 우리를 위하여 죽으심으로 하나님께서 우리에 대한 자기의 사랑을 확증하셨느니라

베드로전서 2:24 친히 나무에 달려 그 몸으로 우리 죄를 담당하셨으니 이는 우리로 죄에 대하여 죽고 의에 대하여 살게 하려 하심이라 그가 채찍에 맞음으로 너희는 나음을 얻었나니

(2) 예수님이 어떤 분이시기에 우리의 죄를 해결하실 수 있는가?
(베드로전서 2:22)

베드로전서 2:22 그는 죄를 범하지 아니하시고 그 입에 거짓도 없으시며

3. 예수 그리스도의 죽으심의 결과

(1) 고린도후서 5:21을 읽으라.

고린도후서 5:21 하나님이 죄를 알지도 못하신 이를 우리를 대신하여 죄로 삼으신 것은 우리로 하여금 그 안에서 하나님의 의가 되게 하려 하심이라

① "죄를 알지도 못하신 이"는 누구를 가리키는가? 어떤 의미인가?

② 예수 그리스도가 우리 대신 죽으셨을 때 그에게 어떤 일이 일어났는가?

③ 그 결과 우리는 어떻게 되었는가?

(2) 예수 그리스도의 죽음이 인간과 하나님과의 관계에 어떤 영향을 미치는가? (로마서 5:10)

로마서 5:10 곧 우리가 원수 되었을 때에 그의 아들의 죽으심으로 말미암아 하나님과 화목하게 되었은즉 화목하게 된 자로서는 더욱 그의 살아나심으로 말미암아 구원을 받을 것이니라

모든 사람은 죄인이며 죄의 결과는 죽음이다. 사람은 죽음을 피할 수 없으며 오직 죄가 없는 사람이 죄인을 대신해서 죽을 때 죄를 해결할 수 있다. 예수님은 죄가 없는 유일한 분으로 우리를 위해 십자가에서 죽으시고 우리의 죄를 해결하셨다. 예수님이 우리의 죄를 뒤집어쓰심으로 죄인이 되시고, 우리는 예수님의 의로우심을 받음(덧입음)으로 의인이 되었다. 이것을 믿는 자는 구원을 받는다.

적용

(1) 요한복음 3:18을 읽으라.

요한복음 3:18 그를 믿는 자는 심판을 받지 아니하는 것이요 믿지 아니하는 자는 하나님의 독생자의 이름을 믿지 아니하므로 벌써 심판을 받은 것이니라

① 이 구절에서는 사람들을 어떻게 둘로 나누고 있는가?

② 그 중 한 편의 사람이 심판을 받는 이유는 무엇인가?

③ 당신은 어디에 속하는가?

(2) 당신이 구원받기 위해 할 수 있는 단 한 가지는 무엇인가? (사도행전 16:31)

사도행전 16:31 이르되 주 예수를 믿으라 그리하면 너와 네 집이 구원을 받으리라 하고

(3) 예수 그리스도께서 당신을 위해 십자가에서 죽으신 사실을 인정하고 예수님을 당신의 삶에 받아들이기 원하는가? 그렇다면 진심으로 아래의 기도를 드리라.

"주 예수님, 나는 주님을 믿고 싶습니다. 십자가에서 죽으심으로 내 죄 값을 담당하시니 감사합니다. 지금 나는 내 마음의 문을 열고 예수님을 나의 구주, 나의 하나님으로 영접합니다. 나의 죄를 용서하시고 영생을 주심을 감사합니다. 나를 다스려 주시고 나를 주님이 원하시는 사람으로 만들어 주옵소서. 예수님의 이름으로 기도합니다. 아멘"

읽을 말씀: 로마서 3:10~28

외울 말씀: 로마서 5:8

로마서 5:8 우리가 아직 죄인 되었을 때에 그리스도께서 우리를 위하여 죽으심으로 하나님께서 우리에 대한 자기의 사랑을 확증하셨느니라

4과

예수 그리스도의 부활

예수 그리스도의 부활의 증거, 그 의미와 중요성을 배우고,

예수님의 부활이 당신과 어떤 관계가 있는지 알게 한다.

예수 그리스도는 다시 살아나셨다!

예수님이 십자가에서 돌아가신 후 제자들과 그를 따르던 무리들은 낙심과 공포에 사로잡혀 모두 달아나버렸다. 이때 그를 반대했던 사람들은 승리를 자축했다. 그러나 사흘 후 기적이 일어났다. 예수님께서 죽은 자 가운데서 다시 살아나신 것이다. 그 후 50여일이 지난 뒤 한때는 겁쟁이였던 제자들은 그의 부활을 담대히 전하게 되었다.

이 부활 사건이 제자들의 삶을 완전히 바꾸어 놓은 것이다. 예수 그리스도를 따르는 사람들은 죽어버린 스승의 윤리적 규범을 따르는 자들이 아니라 살아계신 주님과 끊임없이 교제하는 자들이다.

예수 그리스도는 오늘도 살아 계셔서 그를 믿고 따르는 사람들의 삶 속에서 활동하시기를 간절히 기다리고 계신다.

1. 예수님께서 부활하신 다섯 가지 증거

(1) 첫째 증거: 부활에 대한 예수님 자신의 예언

① 누가복음 18:31~33에서 예수님은 자신의 부활에 대해 어떻게 말씀하셨는가?

누가복음 18:31~33 [31]예수께서 열두 제자를 데리시고 이르시되 보라 우리가 예루살렘으로 올라가노니 선지자들을 통하여 기록된 모든 것이 인자에게 응하리라 [32]인자가 이방인들에게 넘겨져 희롱을 당하고 능욕을 당하고 침 뱉음을 당하겠으며 [33]그들은 채찍질하고 그를 죽일 것이나 그는 삼일 만에 살아나리라 하시되

② 만일 예수님이 다시 살아나지 못했다면 어떤 결론을 내려야 하는가?

(2) 둘째 증거: 빈 무덤

① 예수님이 돌아가시자 사람들은 그의 시체를 어떻게 했는가? (마가복음 15:46)

마가복음 15:46 요셉이 세마포를 사서 예수를 내려다가 그것으로 싸서 바위 속에 판 무덤에 넣어 두고 돌을 굴려 무덤 문에 놓으매

② 예수님을 반대했던 사람들은 제자들이 시체를 훔쳐가지 못하게 하려고 어떻게 했는가? (마태복음 27:62~66)

마태복음 27:62~66 62그 이튿날은 준비일 다음 날이라 대제사장들과 바
리새인들이 함께 빌라도에게 모여 이르되 63주여 저 속이던 자가 살아 있
을 때에 말하되 내가 사흘 후에 다시 살아나리라 한 것을 우리가 기억하
노니 64그러므로 명령하여 그 무덤을 사흘까지 굳게 지키게 하소서 그의
제자들이 와서 시체를 도둑질하여 가고 백성에게 말하되 그가 죽은 자 가
운데서 살아났다 하면 후의 속임이 전보다 더 클까 하나이다 하니 65빌라
도가 이르되 너희에게 경비병이 있으니 가서 힘대로 굳게 지키라 하거늘
66그들이 경비병과 함께 가서 돌을 인봉하고 무덤을 굳게 지키니라

③ 예수님이 금요일에 돌아가시자 안식일인 토요일이 지난 일요일에 예수님을 따르던 여자들이 예수님의 무덤을 찾았다. 무덤에서 어떤 일이 있었는가? (누가복음 24:1~6)

누가복음 24:1~6 1안식 후 첫날 새벽에 이 여자들이 그 준비한 향품을
가지고 무덤에 가서 2돌이 무덤에서 굴려 옮겨진 것을 보고 3들어가니 주
예수의 시체가 보이지 아니하더라 4이로 인하여 근심할 때에 문득 찬란한
옷을 입은 두 사람이 곁에 섰는지라 5여자들이 두려워 얼굴을 땅에 대니
두 사람이 이르되 어찌하여 살아 있는 자를 죽은 자 가운데서 찾느냐 6여
기 계시지 않고 살아나셨느니라 갈릴리에 계실 때에 너희에게 어떻게 말
씀하셨는지를 기억하라

예수님이 십자가에 돌아가신지 사흘 후 무덤은 비어있었다!

무덤에 있는 시체는 어디로 사라진 것일까? 예수님께서 죽지 않고 상처만 입었다 해도 무덤을 막은 무거운 바위를 혼자서 옮길 수 없었고, 지키고 있는 경비병들 때문에 도망칠 수 없었을 것이다. 예수님의 제자들도 경비병 때문에 그의 시체를 훔칠 수 없었을 것이다. 그리고 반대자들도 그의 시체가 없어지면 사람들이 부활을 믿을 수 있으므로 그의 시체를 무덤에서 꺼내가지 않았을 것이다. 그러므로 부활만이 그의 빈 무덤을 설명할 수 있는 유일한 길이다.

(3) 셋째 증거: 죽으셨던 예수님이 제자들에게 나타나심

① 바울이 쓴 고린도전서 15:4~8을 읽고, 부활하신 예수님을 실제로 본 사람들을 적어 보라.

고린도전서 15:4~8 [4]장사 지낸 바 되셨다가 성경대로 사흘 만에 다시 살
아나사 [5]게바에게 보이시고 후에 열두 제자에게와 [6]그 후에 오백여 형제
에게 일시에 보이셨나니 그 중에 지금까지 대다수는 살아 있고 어떤 사람
은 잠들었으며 [7]그 후에 야고보에게 보이셨으며 그 후에 모든 사도에게
와 [8]맨 나중에 만삭되지 못하여 난 자 같은 내게도 보이셨느니라

② 그리스도께서 제자들에게 나타나셨을 때 그것이 환상이 아닌 것을 증명하기 위해 어떻게 하셨는가? (누가복음 24:36~43)

(4) 넷째 증거: 극적으로 변화된 제자들의 삶

다음에 나오는 성경 구절을 통해 제자들의 삶에서 변화된 점들을 찾아보라.

제자들	변화하기 전	변화한 후
베드로	누가복음 22:54~62	사도행전 4:1~22
도마	요한복음 20:24~28	사도행전 1:12~14
바울	사도행전 7:54~8:3	사도행전 16:16~40

(5) 다섯째 증거: 교회의 시작

① 예수님이 부활하시고 50일이 지난 오순절에 베드로의 설교를 듣고 많은 사람이 예수 그리스도를 믿고 함께 모여 예배를 드림으로 교회가 시작되었다. 이때 베드로의 설교 주제는 무엇인가? (사도행전 2:14~36)

② 베드로의 설교를 들은 청중들은 어떤 반응을 보였는가?
(사도행전 2:37~38, 41~42)

사도행전 2:37~38 [37]그들이 이 말을 듣고 마음에 찔려 베드로와 다른 사도들에게 물어 이르되 형제들아 우리가 어찌할꼬 하거늘 [38]베드로가 이르되 너희가 회개하여 각각 예수 그리스도의 이름으로 세례를 받고 죄 사함을 받으라 그리하면 성령의 선물을 받으리니

사도행전 2:41~42 [41]그 말을 받은 사람들은 세례를 받으매 이 날에 신도의 수가 삼천이나 더하더라 [42]그들이 사도의 가르침을 받아 서로 교제하고 떡을 떼며 오로지 기도하기를 힘쓰니라

부활의 능력

필립스(J. B. Phillips)가 『초대교회들에게 보내는 편지』의 서문에서 초대교회 그리스도인들의 새로운 삶과 용기에 대해 말한 것을 요약하면 다음과 같다.

이 편지들(신약성경의 서신서)을 보면, 초대교회 그리스도인들과 현대 그리스도인들 사이에는 큰 차이가 있다. 현대 그리스도인들은 예수 그리스도에 대한 믿음을 삶의 규범이나 지켜야 할 법칙으로 전락시키는 경향이 있지만 초대교회 그리스도인들은 하나님과 교제하는 생생한 체험의 삶을 살았다. 그들은 예수 그리스도가 '내 안에 사심'이라고 말하기를 주저하지 않았다.

예수 그리스도를 믿고 변화되어 생명력이 넘치는 삶을 사는 것을 단순히 도덕적 혁명이라고 말하는 것은 적절하지 않다. 초대교회 그리스도인들이 놀랍게 변화된 동기가 인간적인 것이었다면 그렇게 큰 힘을 발휘하지 못했을 것이다. 우리는 그들의 삶이 그리스도를 통해서 전능하신 하나님과 연결되어 있다는 사실을 인정할 수밖에 없다.

오늘날 많은 그리스도인들이 신앙을 전파하는 것이 어렵다고 말한다. 그러나 인간에 의해서 이루어진 것, 즉 참 생명력이 없는 것은 무엇이라도 없애버릴 수 있었던 로마제국의 핍박 속에서도 초대교회의 신앙이 놀라울 만큼 확산되고 그들 속에 깊이 뿌리내린 사실은 우리에게 큰 용기를 준다. 초대교회 그리스도인들은 부활하신 예수 그리스도를 통해 하나님의 자녀가 되었다는 확신에 불타고 있었다. 그들이 믿는 것을 우리가 믿는다면 그들이 이루었던 것을 우리도 이룰 수 있을 것이다.

2. 예수 그리스도의 부활의 결과

(1) 예수 그리스도의 부활은 예수님에 대해 무엇을 말해주는가? (로마서 1:4)

로마서 1:4 성결의 영으로는 죽은 자들 가운데서 부활하사 능력으로 하나님의 아들로 선포되셨으니 곧 우리 주 예수 그리스도시니라

(2) 예수 그리스도의 부활은 우리에게 어떤 영향을 주는가? (베드로전서 1:3)

베드로전서 1:3 우리 주 예수 그리스도의 아버지 하나님을 찬송하리로다 그의 많으신 긍휼대로 예수 그리스도를 죽은 자 가운데서 부활하게 하심으로 말미암아 우리를 거듭나게 하사 산 소망이 있게 하시며

만일 예수님이 부활하시지 않았다면 어떤 일이 일어났을까? (고린도전서 15:17)

고린도전서 15:17 그리스도께서 다시 살아나신 일이 없으면 너희의 믿음도 헛되고 너희가 여전히 죄 가운데 있을 것이요

예수님은 부활하신 후에 제자들에게 다시 오겠다고 약속하시고(마태복음 24:3, 30; 사도행전 1:11) 하늘로 올라가셨다(마가복음 16:19; 사도행전 1:9~11). 예수님은 반드시 다시 오실 것이다.

(3) 예수님의 부활은 믿는 사람들에게 마지막 때에 어떤 변화를 일으킬 것인가? (빌립보서 3:21; 고린도전서 15:51~53)

빌립보서 3:21 그는 만물을 자기에게 복종하게 하실 수 있는 자의 역사로 우리의 낮은 몸을 자기 영광의 몸의 형체와 같이 변하게 하시리라

고린도전서 15:51~53 51보라 내가 너희에게 비밀을 말하노니 우리가 다
잠 잘 것이 아니요 마지막 나팔에 순식간에 홀연히 다 변화되리니 52나팔
소리가 나매 죽은 자들이 썩지 아니할 것으로 다시 살아나고 우리도 변화
되리라 53이 썩을 것이 반드시 썩지 아니할 것을 입겠고 이 죽을 것이 죽지
아니함을 입으리로다

예수님 자신의 부활 예언, 빈 무덤, 죽은 후 예수님이 제자들에게 나타나심, 제자들의 극적인 변화, 교회의 시작 등이 예수님의 부활을 증거한다. 예수님의 부활은 그가 하나님의 아들이심을 말해주며, 그리스도인에게 온전한 구원을 이룰 수 있다는 소망과 예수님과 같이 부활에 참여할 수 있다는 소망을 준다.

적용

당신은 예수님의 부활에 대해 어떻게 생각하는가? 예수님의 부활을 사실로 받아들이는가?

읽을 말씀: 요한복음 20장

외울 말씀: 고린도전서 15:3~4

고린도전서 15:3~4 [3]내가 받은 것을 먼저 너희에게 전하였노니 이는 성경대로 그리스도께서 우리 죄를 위하여 죽으시고 [4]장사 지낸 바 되셨다가 성경대로 사흘 만에 다시 살아나사

5과

그리스도인 안에 살아 계신 예수 그리스도

예수 그리스도가 그리스도인 안에 거하시며

실제로 삶 속에서 동행하신다는 사실을 알게 한다.

요한계시록 3:20에서 예수님은 "누구든지 내 음성을 듣고 문을 열면 내가 그에게로 들어가 그와 더불어 먹고 그는 나와 더불어 먹으리라"고 말씀하신다. 우리가 죄를 고백하고 예수 그리스도를 '나의 주, 나의 하나님'으로 영접할 때 그분은 우리의 마음과 삶 속에 들어오신다. 예수님은 우리 안에 들어오셔서 하나님이 원하시는 삶을 살 수 있도록 우리에게 능력을 주신다. 하나님이 원하시는 삶을 사는 것은 어려운 정도가 아니라 인간의 능력으로는 불가능하다. 예수 그리스도만이 온전히 그런 삶을 사실 수 있다. 따라서 예수 그리스도는 우리 안에 들어오셔서 우리를 통하여 그분의 삶을 살기를 원하신다. 우리의 이성을 통해 생각하고, 우리의 감정을 통해 그분 자신을 표현하며, 우리의 목소리를 통해 말씀하기 원하신다.

예수님이 내 안에 들어오셔서 살아가시는 삶

사랑
희락
화평
오래참음
자비
양선
충성
온유
절제

그리스도 중심
성령의 능력을 힘입음
다른 사람을 그리스도께 인도
효과적인 기도생활
하나님의 말씀을 이해
하나님을 의지
하나님께 순종

예수님을 믿지 않는 사람이나 자기중심적인 그리스도인들은 가정생활, 경제생활, 사회생활, 학업, 여행 등 여러 활동들을 하지만, 거기에서 진정한 의미나 목적을 찾지 못한다. 그 이유는 자신의 삶을 자기 스스로 주관하기 때문이다.

앞의 그림("예수님이 내 안에 들어오셔서 살아가시는 삶")에서 볼 수 있듯이 사람은 마음 중심에 하나의 왕좌를 가지고 있다. 예수 그리스도께서 우리 마음에 들어오시기 전에는 우리의 자아가 그 왕좌에 있다. 그러나 예수 그리스도를 '나의 주, 나의 하나님'으로 영접한다면 당신은 왕좌에서 내려와 삶의 주도권을 그분께 양도하게 된다. 그림에서 보는 바와 같이 그리스도께서 당신의 마음의 왕좌에 앉으시면 그는 모든 활동의 주인이 되셔서 그 모든 것들을 목적 있게 하시고 조화를 이루게 하신다.

이처럼 그리스도인의 삶이란 예수 그리스도를 모방하거나, 그리스도를 위해 무엇을 하는 것이 아니라 그리스도께서 친히 그리스도인들을 통해 사시고 그의 생명을 전하는 삶이다. 그리스도의 지배를 받는 삶은 갈라디아서 5:22~23에서 말하는 성령의 열매를 항상 맺는다.

1. 인간의 죄악된 본성

(1) 사람의 마음에서 나오는 것은 무엇인가? (마가복음 7:21~23)

마가복음 7:21~23 21속에서 곧 사람의 마음에서 나오는 것은 악한 생각
곧 음란과 도둑질과 살인과 22간음과 탐욕과 악독과 속임과 음탕과 질투
와 비방과 교만과 우매함이니 23이 모든 악한 것이 다 속에서 나와서 사
람을 더럽게 하느니라

(2) 사도 바울은 자신의 인간성을 어떻게 생각했는가? (로마서 7:18)

로마서 7:18 내 속 곧 내 육신에 선한 것이 거하지 아니하는 줄을 아노니 원함은 내게 있으나 선을 행하는 것은 없노라

(3) 그리스도인이 예수 그리스도를 떠나서 무엇을 할 수 있는가? (요한복음 15:4~5)

요한복음 15:4~5
4내 안에 거하라 나도 너희 안에 거하리라 가지가 포도나무에 붙어 있지 아니하면 스스로 열매를 맺을 수 없음 같이 너희도 내 안에 있지 아니하면 그러하리라
5나는 포도나무요 너희는 가지라 그가 내 안에, 내가 그 안에 거하면 사람이 열매를 많이 맺나니 나를 떠나서는 너희가 아무 것도 할 수 없음이라

2. 그리스도인 안에 거하시는 예수 그리스도

아래의 성경구절에서 예수 그리스도는 우리에게 어떤 약속을 하셨는가?

(1) 요한계시록 3:20

요한계시록 3:20 볼지어다 내가 문 밖에 서서 두드리노니 누구든지 내 음성을 듣고 문을 열면 내가 그에게로 들어가 그와 더불어 먹고 그는 나와 더불어 먹으리라

(2) 요한복음 14:16~17

요한복음 14:16~17 [16]내가 아버지께 구하겠으니 그가 또 다른 보혜사를 너희에게 주사 영원토록 너희와 함께 있게 하리니 [17]그는 진리의 영이라 세상은 능히 그를 받지 못하나니 이는 그를 보지도 못하고 알지도 못함이라 그러나 너희는 그를 아나니 그는 너희와 함께 거하심이요 또 너희 속에 계시겠음이라

(3) 마태복음 28:20

마태복음 28:20 내가 너희에게 분부한 모든 것을 가르쳐 지키게 하라 볼지어다 내가 세상 끝날까지 너희와 항상 함께 있으리라 하시니라

(4) 히브리서 13:5

히브리서 13:5 그가 친히 말씀하시기를 내가 결코 너희를 버리지 아니하고 너희를 떠나지 아니하리라 하셨느니라

예수님은 우리가 마음의 문을 열면 우리 안에 들어오시겠다고 약속하셨다. 이는 그의 영이신 성령을 보내셔서 우리와 함께, 우리 속에 계시겠다는 말씀이다. 예수님은 그리스도인 안에 거하셔서 절대로 그리스도인을 버리지 않고 떠나지 않겠다고 약속하셨다.

3. 예수 그리스도가 마음에 계심으로 주시는 삶의 변화

예수 그리스도께서 우리 안에 거하실 때 아래의 문제들을 어떻게 해결해 주시는가?

(1) 마음의 공허와 갈증(요한복음 6:35)

요한복음 6:35 예수께서 이르시되 나는 생명의 떡이니 내게 오는 자는 결코 주리지 아니할 터이요 나를 믿는 자는 영원히 목마르지 아니하리라

(2) 불안과 근심(요한복음 14:27; 15:11)

요한복음 14:27 평안을 너희에게 끼치노니 곧 나의 평안을 너희에게 주노라 내가 너희에게 주는 것은 세상이 주는 것과 같지 아니하니라 너희는 마음에 근심하지도 말고 두려워하지도 말라

요한복음 15:11 내가 이것을 너희에게 이름은 내 기쁨이 너희 안에 있어 너희 기쁨을 충만하게 하려 함이라

(3) 무능(빌립보서 4:13)

빌립보서 4:13 내게 능력 주시는 자 안에서 내가 모든 것을 할 수 있느니라

사람들은 마음의 공허와 갈증, 불안과 근심, 무능함을 경험하며 살아간다. 여러 가지 방법으로 이를 해결하려고 시도하지만 세상의 어느 것도 이 문제들을 근본적으로 해결하지 못한다. 오직 예수 그리스도만이 진정한 삶의 만족, 평안과 기쁨, 어려운 상황을 이겨낼 수 있는 능력을 주신다. 예수님은 우리 안에 들어오셔서 이러한 풍성한 삶을 살게 해주시기를 원한다.

적용

1. 당신은 자신의 죄의 본성과 그 결과로 나타나는 문제들을 해결하기 원하는가?

2. 요한복음 3:16을 읽으라. 예수님이 당신 안에 거하셔서 당신의 삶에 변화를 주시려고 하는 이유는 무엇인가?

   요한복음 3:16 하나님이 세상을 이처럼 사랑하사 독생자를 주셨으니 이는 그를 믿는 자마다 멸망하지 않고 영생을 얻게 하려 하심이라

3. 당신이 죄의 문제들을 해결하기 원한다면 예수님이 당신 안에 거하셔야 한다. 하나님이 당신의 삶을 주관하셔서 삶의 모든 영역을 변화시키시도록 지금 아래와 같이 기도하라.

"주 예수님, 나는 주님을 믿고 싶습니다. 십자가에서 죽으심으로 내 죄 값을 담당하시니 감사합니다. 지금 나는 내 마음의 문을 열고 예수님을 나의 구주, 나의 하나님으로 영접합니다. 나의 죄를 용서하시고 영생을 주심을 감사합니다. 나를 다스려 주시고 나를 주님이 원하시는 사람으로 만들어 주옵소서. 예수님의 이름으로 기도합니다. 아멘"

읽을 말씀: 요한계시록 2~3장

외울 말씀: 요한계시록 3:20

볼지어다 내가 문 밖에 서서 두드리노니 누구든지 내 음성을 듣고 문을 열면 내가 그에게로 들어가 그와 더불어 먹고 그는 나와 더불어 먹으리라

6과

예수 그리스도의 교회

그리스도인의 삶에서

교회의 중요성을 알고

교회생활을 시작하게 한다.

예수님을 영접한 그리스도인들은 주일마다 함께 모여 하나님을 예배하고 교제한다. 교회는 예수 그리스도를 자신의 구주와 주님으로 영접한 사람들의 모임을 말한다. 구약시대에는 안식일인 토요일에 모여 하나님을 예배했으나, 예수님이 부활하신 후에는 예수님이 부활하신 일요일에 함께 모여 하나님을 예배하며 교제했다. 이렇게 하나님을 예배하러 모이는 성도들의 모임을 교회라고 한다. 이제 교회의 특성과 그리스도인들이 왜 교회에 모여 함께 예배해야 하는지를 살펴보자.

1. 교회와 예수님과의 관계

(1) 사도 바울은 예수님과 교회의 관계에 대해 어떻게 말하는가? (고린도전서 12:27; 에베소서 5:23, 25)

고린도전서 12:27 너희는 그리스도의 몸이요 지체의 각 부분이라

에베소서 5:23, 25 [23]이는 남편이 아내의 머리됨이 그리스도께서 교회의 머리됨과 같음이니 그가 바로 몸의 구주시니라 [25]남편들아 아내 사랑하기를 그리스도께서 교회를 사랑하시고 그 교회를 위하여 자신을 주심 같이 하라

(2) 예수님과 교회의 관계에 비추어 그리스도인 한 사람 한 사람에 대해서는 어떻게 말하는가? (고린도전서 12:12)

고린도전서 12:12 몸은 하나인데 많은 지체가 있고 몸의 지체가 많으나 한 몸임과 같이 그리스도도 그러하니라

(3) 교회의 믿는 자들은 서로를 어떻게 대해야 하는가?
(고린도전서 12:13, 25~26)

고린도전서 12:13 우리가 유대인이나 헬라인이나 종이나 자유인이나 다 한 성령으로 세례를 받아 한 몸이 되었고 또 다 한 성령을 마시게 하셨느니라

고린도전서 12:25~26 [25]몸 가운데서 분쟁이 없고 오직 여러 지체가 서로 같이 돌보게 하셨느니라 [26]만일 한 지체가 고통을 받으면 모든 지체가 함께 고통을 받고 한 지체가 영광을 얻으면 모든 지체가 함께 즐거워하느니라

예수님은 머리, 교회는 몸, 그리스도인 개개인은 몸의 각 지체로 비유할 수 있다. 그리스도인들은 예수님 안에서 한 몸이 되었으므로 서로 사랑해야 한다.

2. 교회의 시작

(1) 예수님이 부활하신 후 승천하시기 전에 제자들에게 가장 강조하신 것은 무엇인가? (사도행전 1:8)

사도행전 1:8 오직 성령이 너희에게 임하시면 너희가 권능을 받고 예루살렘과 온 유대와 사마리아와 땅끝까지 이르러 내 증인이 되리라

(2) 예수님이 약속하신 성령이 오순절에 제자들에게 임하셨다. 그때 베드로의 설교를 듣고 어떤 일이 일어났는가? (사도행전 2:1~15; 35~47)

(3) 예수님을 믿은 사람들은 교회에 모여 무엇을 힘썼는가? (사도행전 5:42)

사도행전 5:42 그들이 날마다 성전에 있든지 집에 있든지 예수는 그리스도라고 가르치기와 전도하기를 그치지 아니하니라

3. 교회의 특성

* 교회는 아래와 같이 두 가지 의미로 쓰인다.

① 우주적 교회(the Universal Church): 그리스도의 생명을 가진 세상의 모든 그리스도인들을 집합적으로 우주적 교회라고 한다.

② 지역 교회(the Local Church): 예배, 교육, 교제를 위해 지역적으로 모인 그리스도인들의 모임을 말한다.

예수님이 승천하신 후 처음 세워진 교회가 예루살렘 교회이고, 바울이 전도하여 세운 교회 중 하나가 데살로니가 교회이다. 교회의 원형이라고 할 수 있는 두 교회를 통해 교회의 특성을 살펴보라.

(1) 예루살렘 교회(사도행전 4:29~32)

사도행전: 4:29~32 [29]주여 이제도 그
들의 위협함을 굽어보시옵고 또 종들
로 하여금 담대히 하나님의 말씀을
전하게 하여 주시오며 [30]손을 내밀어
병을 낫게 하시옵고 표적과 기사가
거룩한 종 예수의 이름으로 이루어지
게 하옵소서 하더라 [31]빌기를 다하매
모인 곳이 진동하더니 무리가 다 성
령이 충만하여 담대히 하나님의 말씀
을 전하니라 [32]믿는 무리가 한마음과 한 뜻이 되어 모든 물건을 서로 통
용하고 자기 재물을 조금이라도 자기 것이라 하는 이가 하나도 없더라

(2) 데살로니가 교회(데살로니가전서 1:2~3)

데살로니가전서 1:2~3 [2]우리가 너희 모두로 말미암아 항상 하나님께 감
사하며 기도할 때에 너희를 기억함은 [3]너희의 믿음의 역사와 사랑의 수고
와 우리 주 예수 그리스도에 대한 소망의 인내를 우리 하나님 아버지 앞
에서 끊임없이 기억함이니

4. 지역교회에 참여하는 이유

(1) 성경은 그리스도인들의 모임에 대해 어떻게 권면하는가?
(히브리서 10:25)

히브리서 10:25 모이기를 폐하는 어떤 사람들의 습관과 같이 하지 말고 오직 권하여 그날이 가까움을 볼수록 더욱 그리하자

(2) 그리스도인들이 왜 교회에 정기적으로 참여해야 하는가?
(히브리서 10:23~24)

히브리서 10:23~24 [23]또 약속하신 이는 미쁘시니 우리가 믿는 도리의 소망을 움직이지 말며 굳게 잡고 [24]서로 돌아보아 사랑과 선행을 격려하며

(3) 우리는 믿음으로 구원을 받는다. 교회는 믿는 자들에게 세례와 성찬이라는 의미있는 두 가지 의식을 행한다.

① 마태복음 28:18~19에 의하면 그리스도인은 왜 세례를 받아야 하는가?

마태복음 28:18~19 [18]예수께서 나아와 말씀하여 이르시되 하늘과 땅의 모든 권세를 내게 주셨으니 [19]그러므로 너희는 가서 모든 민족을 제자로 삼아 아버지와 아들과 성령의 이름으로 세례를 베풀고

② 성찬을 행하는 목적은 무엇인가? (고린도전서 11:23~26)

고린도전서 11:23~26 [23]… 주 예수께서 잡히시던 밤에 떡을 가지사 [24]축
사하시고 떼어 이르시되 이것은 너희를 위하는 내 몸이니 이것을 행하여
나를 기념하라 하시고 [25]식후에 또한 그와 같이 잔을 가지시고 이르시되
이 잔은 내 피로 세운 새 언약이니 이것을 행하여 마실 때마다 나를 기념
하라 하셨으니 [26]너희가 이 떡을 먹으며 이 잔을 마실 때마다 주의 죽으심
을 그가 오실 때까지 전하는 것이니라

그리스도인이 교회에 출석하여 말씀을 배우고 하나님을 예배하며 서로 돌아보아 사랑과 선행을 격려할 때 믿음이 굳게 설 수 있으므로 지역교회에 정기적으로 참여해야 한다.

적용

당신의 믿음이 성장하기 위해서는 그리스도를 높이고 성경을 바르게 가르치며, 그리스도인으로서의 성장을 끊임없이 격려하는 교회에 출석해야 한다.

1. 당신이 지역 교회에 참여한다면 어떤 유익이 있다고 생각하는가?

2. 아직 지역 교회에 참석하지 않고 있다면 언제부터 참석하겠는가?

읽을 말씀: 고린도전서 12:12~31

외울 말씀: 히브리서 10:25

모이기를 폐하는 어떤 사람들의 습관과 같이 하지 말고 오직 권하여 그 날이 가까움을 볼수록 더욱 그리하자

백문일답

김준곤 목사(한국 CCC 설립자)

"백문일답"은 우리 모두가 동참하는 특별한 신앙고백이고, 마음을 하나로 모아 우리의 헌신을 행동으로 표현하는 것입니다. 전국의 CCC 대학생들이 함께 모이는 여름수련회 밤 집회를 위해 제가 만들었습니다. 교회에서는 생소하겠지만, CCC에서는 아주 은혜로운 순서 가운데 하나입니다. 이것을 할 때마다 학생들이 좋아합니다. 하지 않으면 '왜 그것을 안 하느냐'고 묻습니다.

"백문일답"의 배후에는 이런 이야기가 있습니다.

중세 유럽에 한 기인이 나타나서 종일 거리를 돌아다녔습니다. 그의 특별한 점은 전혀 말이 없다는 것입니다. 수염을 길렀고 외모가 예언자처럼 느껴졌으며, 마치 이 세상사람 같지 않고 하늘에서 뚝 떨어진 사람 같았습니다. 그는 하늘을 보고 땅을 보고 끊임없이 기도를 하는 것 같은데, 자신이 누구인지 전혀 드러내지 않았고 누가 말을 걸어도 시종일관 침묵했습니다.

당시 그 지역은 교회가 서로 싸우고 부패하고 빛이 다 꺼져버렸고 소망이 없었습니다. 사람들의 마음은 냉소와 허무로 가득했고 서로의 이익을 위해 패를 나누어 테러를 했습니다. 살인과 강간과 절도 등 온갖 범죄와 거짓이

노아의 홍수 때처럼 가득했고, 전염병과 기근과 전쟁의 위협이 있었습니다. 세상이 곧 망할 것 같다는 비관과 절망의 분위기가 안개처럼 깔렸습니다. 경제공항으로 먹을 것이 없고, 십대들은 가출하여 탕자가 되고, 온갖 범죄를 저지르며 무정부상태가 되었습니다. 도덕과 신앙이 완전히 빛을 잃었습니다.

사람들은 어떤 강력한 지도자가 그 지역을 통치해주기를 바랐습니다. 사람들은 이 기인이 문제 해결의 열쇠를 가진 것으로 확신했지만, 그는 말없이 돌아다니면서 기도만 하는 것 같았습니다. 그 지역의 원로들이 회의를 한 후 그를 납치하다시피 붙잡아 공회당에 사람들을 모아놓고 앞에 세웠습니다. 원로들이 그에게 말했습니다. “당신의 말이 우리를 새롭게 개혁하고 새 바람을 일으킬 것을 확신하니 우리에게 말씀을 해주십시오. 빛을 주십시오. 소망을 주십시오. 우리를 도와주십시오.”라고 소리쳤습니다. 그는 아무 말이 없었습니다. “도대체 당신은 누구십니까? 어디서 오셨습니까?” 물었습니다.

그는 무거운 입을 열고 “예수 그리스도”라고 답했습니다.

“왜 이 거리를 다니시면서 말이 없습니까?” “예수 그리스도”

“이 경제공황이 어떻게 끝날 수 있습니까?” “예수 그리스도”

“날마다 질병으로 사람들이 죽어 가는데, 어떻게 해결할 수 있습니까?” “예수 그리스도”

“어떻게 하면 십대들이 집으로 돌아오게 할 수 있습니까?” “예수 그리스도”

어떤 질문을 해도 이 기인의 대답은 단 하나뿐이었습니다. “예수 그리스도!”

이것이 바로 “백문일답”입니다.

우리가 사는 이 시대도 머리부터 발끝까지 성한 곳이 없는 시대입니다. 우리도 백 가지 질문에 한 가지로 대답하는 “백문일답”을 해보겠습니다.

설교자와 청중이 혼연일치가 되는 신앙고백이라고 생각하십시오. 굉장히 재미있고 기분이 좋아집니다.

이제 제가 질문을 하겠습니다. 여러분은 모든 질문에 "예수 그리스도!" 라고 대답하십시오. 하나님 앞에서 믿음의 표시, 헌신의 표시, 의지의 표시, 단합된 신앙고백의 표시로 주먹을 불끈 쥐고 "예수 그리스도!"라고 대답하십시오.

왜 해가 동쪽에서 떠서 서쪽으로 집니까?
오늘 하루를 주신 분은 누구입니까?
어떻게 이렇게 선선한 바람이 붑니까?
하늘의 별은 왜 반짝입니까?

우리 인생의 주인은 누구입니까?
내가 누구인지 왜 사는지 알려면 누구를 알아야 합니까?
어떻게 미움을 사랑으로 바꿀 수 있습니까?
어떻게 절망에서 소망을 가질 수 있습니까?

행복한 가정이 되는 비결은 무엇입니까?
태어나는 어린아이들이 가장 먼저 배워야 할 분은 누구입니까?
십대들에게 누구를 가르쳐야 합니까?
좋은 부모가 되는 비결은 무엇입니까?

어떻게 하면 죄를 용서받을 수 있습니까?
영원한 생명은 어떻게 얻을 수 있습니까?
진리가 무엇입니까?
전 인류에게 전해야 할 복음은 무엇입니까?

사람의 생사화복은 누가 주관합니까?
사회의 범죄가 감소되고 없어지는 비결은 무엇입니까?
살기 좋은 세상, 거룩한 도시가 되는 원동력은 어디에 있습니까?
세계 평화를 가져올 수 있는 분은 누구입니까?

국회가 싸움을 멈추고 화합하는 비결은 무엇입니까?
노사의 문제를 해결할 수 있는 해법은 어디 있습니까?
역사의 주권자는 누구십니까?
남북통일의 비결은 무엇입니까?

동방의 빛, 성민 코리아, 정직한 한국인, 교양 있고 친절한 한국인, 세계의 빛으로 하나님의 백성이 되는 꿈과 비전을 이루시는 분은 누구십니까?

이 모든 질문에 대답은 "예수 그리스도!"입니다.

예수 그리스도, 그는 살아계신 하나님의 아들입니다. 우리는 그를 통해서 구원을 받습니다. 예수 그리스도를 영접하면 영원한 생명을 얻습니다. 그를 믿는 자마다 멸망하지 않고 영생을 얻게 됩니다. 영생은 성령으로 거듭나는 새 생명, 하나님의 생명입니다. 자연생명이 아닙니다. 생명공학, 생물학 사전에는 없는 새로운 인종입니다. 이것은 신비 중의 신비입니다.

주의 이름을 부르는 자마다 구원을 얻습니다. 예수님의 십자가 옆에서 못 박혔던 강도도 주의 이름을 부를 때 주께서 구원하셨습니다. 입으로 시인하고 마음으로 믿으면 구원을 받습니다. 임종하면서도 '주여!' 부르면 물리적인 시간은 1초도 안되지만, 부르는 그 시간에 인격과 인생의 방향에 변화가 일어납니다. 하나님께서 보내신 예수 그리스도를 나의 구주로 믿으면 어두움에서 빛으로, 죽음에서 생명으로 옮겨지고, 심판에 이르지 않습니다. 예수님께서 우리의 죄를 위해 십자가에 죽으셨으므로 우리는 죄를 용서받고 의인이 됩니다.

우리는 마음의 문을 열고 예수님을 영접하며 '나의 주, 나의 하나님'이라고 입으로 시인해야 합니다. '나는 당신의 종입니다. 당신은 나의 주인, 나의 신랑, 나의 하나님이십니다. 당신은 나의 모든 것의 모든 것입니다.'라고 고백하십시오. 사도 바울의 고백처럼 '이제부터는 내가 사는 것이 아니고 당신이 내 속에서 당신의 삶을 삽니다.'라고 고백하십시오. 자나 깨나 앉으나 서나, 지상에서 서로 사랑하는 사람들이 서로 생각하듯이, 어머니가 자녀를 꿈속에서도 생각하듯이, 보이지 않지만 믿음으로 영접하여 내 마음의 지성소에 모시고, 무의식 속에서도 꿈속에서도 길을 갈 때도 임종 때에도, 기쁠 때나 슬플 때나 예수님을 부르고, 예수님 때문에 기뻐하고, 예수님 때문에 슬퍼하고....

예수님 때문에 생명을 바꿨습니다. 주인을 바꿨습니다. 하나님을 바꿨습니다. 내가 섬기는 분을 바꿨습니다. 이제 그분은 우리의 운명입니다. 더 이상의 복음이 없습니다. 하늘과 땅의 모든 권세는 예수님 손에 있습니다. 나라의 주권이 그분 손에 있습니다. 그는 인류 운명의 주인이십니다. 예수님은 창조주이십니다. 골로새서 1:16은 '만물이 그에 의하여, 그를 위하여 창조되었고, 그 안에서 유지된다.'고 했습니다.

우리가 섬길 이 이상의 분이 어디 있습니까? 이 이상의 복음이 어디 있습니까? 예수님에게는 우리에게 필요한 모든 것이 다 있습니다. 현세와 내세의 모든 생명소가 다 있습니다. 예수님은 자신을 '생수'라고 하셨고 '나를 믿는 자는 배에서 생수의 강이 흘러나올 것이라'고 하셨습니다. 하나님께서는 사람을 만드실 때, 하나님 없이는 살 수 없도록 만드셨습니다. 목마른 사슴이 시냇물을 찾듯이 우리는 하나님을 찾고 있습니다. 온 세상 사람들은 예수님이 필요합니다. 밥이 필요하듯이 예수님이 필요합니다. 그분은 영원히 우리의 생명이십니다.

그러면 예수님을 믿는 방법은 무엇일까요? 유교나 불교에서 가르치는 것은 교화사상입니다. 마음을 깨우치는 것입니다, 오랜 시간 교육을 하면 조금씩, 조금씩 교화가 된다는 사상은 교육적으로 좋은 것이지만, 예수님을 믿는 방법은 아닙니다. 예수님을 믿는 방법은 내 삶을 걸고 결단하는 것입니다. '나를 믿는 자는 영원히 죽지 않는다. 죄 사함을 받는다. 하나님의 자녀가 된다. 네가 나를 믿느냐?' 이 말씀에 '주여, 내가 믿나이다.'라고 결단하는 것입니다.

믿음이 없이는 하나님을 기쁘시게 못합니다. 아브라함이 하나님을 믿으매 그것을 의로 여겼습니다. 히브리서 11장에 나오는 사람들은 모두 하나님의 말씀을 믿는 사람들이었습니다.

예수님은 마스터키와 같습니다. 제가 미국에 갔을 때 어느 호텔에 머물게 되었는데 방 열쇠를 가지고 다니다가 잃어버렸습니다. 호텔 직원에게 열쇠를 잃어버렸다고 했더니 "염려하지 마세요. 제게 마스터키가 있어서 320여개의 방을 모두 열 수 있습니다."라고 했습니다.

예수님은 개인의 문제든, 사회의 문제든, 국가의 문제든 모두 해결하실 수 있습니다. 다만 한 가지 조건이 있는데, 예수님께 믿고 맡겨야 합니다.

예수님을 믿는 것은 결혼하는 것과 같습니다. 이런 이야기가 있습니다.

어떤 나라에 왕이 있었습니다. 그 왕은 한 여자를 사랑했습니다. 그는 어떤 여자든 데려다가 원하는 대로 할 수 있었습니다. 노예로 삼을 수도 있고 종으로 삼을 수도 있고 말을 안 들으면 죽일 수도 있었습니다. 그러나 왕은 그것을 원치 않았습니다. 힘없는 여인이 자신을 사랑해주기를 기다리고 기다립니다. 때로는 호소하고, 때로는 울고 10년을 기다려서 '네가 날 사랑하느냐'고 할 때, 그 여인이 자기 말로 '나는 당신을 사랑합니다. 임금님을 사랑합니다.'라고 마음의 문을 열 때까지 기다립니다. 예수님이 우리를 그렇게 기다리고 계십니다.

모든 사람의 마음에는 왕좌가 있습니다. 왕좌에 예수님이 안 계시면 자기 자신이 있거나, 우상이나 돈이나 섹스가 있습니다. 예수님은 '누구든지 내 음성을 듣고 문을 열면 내가 그에게로 들어가 그와 함께 먹고 마시리라'(요한계시록 3:20) 즉, 같이 살겠다고 하셨습니다. 우리는 예수님을 내 마음에 영접해야 합니다.

홀만 헌트(William Holman Hunt)라는 화가가 "세상의 빛"(The Light of the World)이라는 그림을 그렸습니다. 그 그림은 예수님이 문밖에서 문을 두드리는 그림입니다. 밖에서는 열 수 없고 안에서만 열 수 있는 문입니다. 들어가려면 문이 열릴 때까지 밖에서 기다려야 합니다. 예수님은 문 밖에 서서 두드린다고 하셨습니다. 예수님은 우리의 자유와 선택의 의지를 절대적으로 존중하십니다. 우리는 하나님을 거부할 수도 있고 또는 예수님을 영접할 수도 있습니다.

지금 문밖에서 문을 두드리는 예수님께 마음의 문을 열고 '주여, 나의 삶에 들어오십시오. 내 마음의 왕좌에 들어오십시오.'라고 기도해야 합니다. 이것은 예수님과 결혼을 하는 것으로 비유할 수 있습니다. 결혼식을 어떻게 합니까? 남녀가 데이트를 하고 서로 알고 사랑해야 합니다. 그러나 두 사람이 서로 사랑한다고 결혼이 되는 것은 아닙니다. 목사님 앞에서 자신의 의지로 '이 여자를 아내로 맞이하겠는가?' '이 남자를 남편으로 맞이하겠는가?'라는 질문에 '예'라고 대답해야 합니다.

극적인 결혼식도 있습니다. 2차 세계대전 때 서로 사랑한 남녀가 있었는데, 남자는 전선에서 죽을지도 모르기 때문에 결혼식을 기피했습니다. 언제 죽을지 모르니 결혼할 수 없다고 했습니다. 그러나 여자는 '이것이 마지막이라도 좋으니 아내로 삼는다고 한 마디만 해주십시오.'라고 말했습니다. 남자는 수송선이 떠나기 직전에 목사님을 모셔다가 "우리의 결혼을 주례해 주시고 축복해주십시오." 목사님이 두 사람의 마음에 감동을 받아 갑판 위에서 나팔수에게 나팔을 불라고 하고 두 사람에게 물었습니다. "이 남자를 남편으로 맞이하겠느냐?" "이 여자를 아내로 맞이하겠느냐?" "예"라고 대답했습니다. 이 말 한마디로 두 사람은 부부가 되었습니다.

예수님을 믿는 것도 '당신을 나의 주로 믿습니다.'라고 결단하고 평생을 믿음으로 사는 것입니다. 그러면 영원한 생명을 얻습니다. 죄 사함을 얻습니다. 하나님의 자녀가 됩니다. 부활하게 됩니다. 심판에 이르지 않게 됩니다. 하나님의 성령을 받게 됩니다.

오늘 밤에 마치 예수님과 결혼식을 하듯이 '예수님을 구주로 영접하겠습니까?'라고 물으면 '아멘'하고 대답하십시오. 여기에 예수님을 영접하지 않은 분도 있고 교회는 다니지만 구원 받았다는 확신이 없는 분도 있을 것입니다. 예수님은 '천지가 변해도 내 말은 변치 않을 것'이라고 하셨습니다. 인류의 역사 가운데 가장 진실한 분은 예수님입니다. 예수님의 생애 가운데 가장 진실한 사건은 십자가 사건입니다. 예수님은 돌아가시기 전 날 제자들과 함께 한 성만찬에서 '나를 믿는 자는 죄 사함을 받고 영생을 얻는다'는 약속을 맺으셨고 이를 십자가에서 이루셨습니다. 이것이 복음입니다. 사람은 다 변해도 복음은 변하지 않습니다. 천지가 변해도 예수님의 약속은 불변합니다. 셰익스피어의 글 가운데 애인들끼리 이런 말을 합니다. '너의 부모가 너를 사랑하지 않는다고 믿을 때가 있겠지. 자연법칙을 의심할 때도 있겠지. 물이 거꾸로 흐른다고 생각할 때도 있겠지. 친구를 믿지 못할 때도 있겠지. 모든 것을 믿을 수 없다 하더라도, 천지가 변해도, 내 목숨이 없어져도, 하늘이 무너져도, 내가 너를 사랑한다는 사실은 의심하지 말고 믿어다오.'

여러분 오늘 밤 제가 드린 말씀은 제 말이 아닙니다. 예수님이 그렇게 약속하셨습니다. 오늘 밤 이 자리에서 이 모습 이대로, '앞으로 좋은 일 해가지고'가 아니라 지금 이대로 확신을 가지고, "주여, 믿습니다. 내 마음에 들어오십시오."라고 할 때 예수님은 내 마음 속에 들어오시게 됩니다. 절대로 나가시지 않습니다. '영원히 버리지 않겠다. 떠나지 않겠다.'고 하셨습니다. 여러분, 이것은 내 결심으로 된 것이 아닙니다. 인위적으로 된 것이 아닙니다. 기분으로 된 것이 아닙니다. 예수님 만난 사건은 운명의 사건이요, 생사가 걸린 사건입니다. 하나님의 명예를 걸고 약속하신 사건입니다. 예수님에 대한 확신이 없는 분들은 저와 함께 기도합시다. 예수님을 믿는 분들도 함께 기도합시다. 모두 소리를 내서 저를 따라 기도하십시오.

주 예수님, 나는 주님이 필요합니다. 주님이 나를 사랑하는 것을 감사합니다. 내 죄를 대속해 주신 것을 감사합니다. 주님을 영접하면 하나님 자녀가 된다는 약속을 믿습니다. 영생 얻는다는 약속을 믿고 감사합니다. 항상 나와 함께 계시는 것을 감사합니다. 죽음에서 부활을 만드시는 주님, 절망에서 소망을 만드시는 주님, 지금 이 자리에서 마음의 문을 엽니다. 나의 주, 나의 하나님이 되어주십시오. 믿음을 더해주십시오. 순종하며 살게 해주십시오. 주님이 원하는 삶을 살게 해주십시오. 예수 그리스도의 이름으로 기도합니다.

여러분은 하나님의 자녀가 되었습니다. 절대로 의심하지 마십시오. 죄를 지으면 회개하십시오. 자백하십시오. 이 구원은 아무도 빼앗을 수 없습니다. 절대로 의심하지 마십시오. 이 시간을 기억하십시오. 결혼한 사람들은 영원히 부부입니다. 주님은 우리의 하나님이십니다. 아무도 지울 수 없습니다. 호적에 올랐습니다. 하나님의 손바닥에 기록되었습니다. 눈동자 속에 우리를 새긴다고 하셨습니다. 심장처럼 사랑하신다고 하셨습니다. 그것을 믿고 신앙고백의 표로 오른손을 들어보십시오. 그리고 '아멘'을 세 번 합시다. 아멘. 아멘. 아멘!

백문일답

2010년 1월 25일 초판 인쇄
2020년 8월 7일 개정 1쇄 발행
2023년 4월 21일 개정 2쇄 발행

지은이 한국대학생선교회 (MRD)
디자인 김성령 표지·삽화 도우리, 김은숙
발행처 순출판사 등록 제2020-000159호

주소 서울시 종로구 백석동1가길 2-8
전화 02-722-6931~2
홈페이지 www.soonbook.co.kr

ISBN 978-89-389-0358-7

값 3,000원